Inhaltsverzeichnis

Einführung

Das Internet ist eine globale Plattform für Kommunikation und Information mit wachsender Bedeutung. Nach aktuellen Erhebungen ist die Anzahl der Internet-Nutzer in Deutschland seit 1997 von ca. 8,8 Mio. auf weit über 30 Mio. gestiegen (vgl. „Monitoring Informationswirtschaft“, 8. Faktenbericht 2005; www.bmwi.de). Die Umsätze zwischen Unternehmen („B2B“) im E-Commerce wachsen. Für die nächsten Jahre werden in diesem Bereich enorme Zuwachsraten prognostiziert. Im Jahr 2006 sollen knapp 20% des gesamten europäischen Handelsvolumens per Internet abgewickelt werden. Deutschland stellt dabei zur Zeit den größten B2B-Markt in Europa dar. Auch im Endverbrauchersegment (B2C) werden positive Entwicklungen erwartet.

Dieser Mustervertrag regelt die Erbringung von Leistungen durch einen Internet-Diensteanbieter (auch Internet-Service-Provider – ISP – genannt), die von einem Nutzer benötigt werden, um die Dienste des Internets zu nutzen. Ein solcher Internet-Diensteanbieter-Vertrag ist weder gesetzlich geregelt, noch besteht ein fester Katalog von Leistungen, die im Rahmen eines solchen Vertrages zu erbringen sind. Vielmehr können eine Vielzahl verschiedener Leistungen (als Einzelleistung oder als Leistungsbündel) Gegenstand eines solchen Vertrages sein.

Dieser Mustervertrag bietet Vorschläge für die vertragliche Regelung einiger typischer Leistungen im Rahmen von Internet-Diensten. Der Vertrag, der nicht für den Geschäftsverkehr mit Verbrauchern, sondern für die Geschäftsbeziehung mit einem unternehmerischen Kunden entworfen ist, geht von der Interessenlage des Diensteanbieters aus, bemüht sich jedoch, auch die Interessen des Kunden angemessen zu berücksichtigen. Muster können jedoch eine individuelle Vertragsgestaltung ebensowenig ersetzen wie die Beratung durch einen kompetenten Juristen. Entscheidend für jede gelungene Vertragsgestaltung in der Praxis ist, dass die vertragliche Regelung die im Einzelfall zu erbringende Leistung abbildet. Unabdingbar hierfür ist, den Inhalt der vom Diensteanbieter angebotenen Leistung zu ermitteln, um sie im Vertrag entsprechend den Vorgaben des Transparenzgebotes (§ 307 Abs. 1 S. 2 BGB) beschreiben und rechtlich bewerten zu können.

Weiterführende Literatur:

Moritz/Dreier, Rechtshandbuch zum E-Commerce, 2. Auflage 2005

Spindler, Vertragsrecht für Internet-Provider, 2. Aufl. 2004

Soweit Urteile nur mit Aktenzeichen angegeben sind, sind diese im Internet, z.B. über www.jurpc.de abrufbar.

Internet-Dienste-Vertrag (Rahmenvertrag)

zwischen

.... (Name, Adresse)
– Kunde –

und

.... (Name, Adresse)
– Diensteanbieter –

§ 1 Vertragsgegenstand

1. Der Diensteanbieter ermöglicht dem Kunden auf Grundlage des vorliegenden Vertrages den Zugang zum Internet und die Präsentation eines eigenen Informationsangebots im Internet. Der Diensteanbieter bietet zu diesem Zweck folgende Internet-Dienste (im Folgenden „Dienste" oder „Leistungen") an, die in den jeweiligen Anlagen beschrieben sind:
   a. Internet-Access, gem. Anlage IA;
   b. Electronic-Mail-Dienst, gem. Anlage EM;
   c. Bereitstellung von Speicherkapazität und Bereithalten des Internet-Angebots des Kunden zum Abruf durch Dritte (Web-Hosting), gem. Anlage WH;
   d. Miete von Serverstellplatz (Server-Housing), gem. Anlage SH;
   e. Registrierung und Betreuung von Internet-Domainnamen unter der Top Level Domain „de", gem. Anlage DED;
   f. Bereitstellung von Domain-Name-Service Diensten, gem. Anlage DNS.
2. Die vom Diensteanbieter zu erbringenden Leistungen werden auf der Basis dieses Vertrages mit dem Kunden in Leistungsscheinen vereinbart. Die Leistungspflicht des Diensteanbieters entsteht mit beiderseitiger Unterzeichnung des jeweiligen Leistungsscheins.
3. Dieser Vertrag ist ein Rahmenvertrag und gilt auch für alle in Abs. 1 beschriebenen Leistungen, die zukünftig zwischen den Vertragspartnern vereinbart werden, selbst wenn in späteren Verträgen nicht ausdrücklich auf den vorliegenden Vertrag verwiesen wird. Dies gilt nicht, wenn und soweit die Vertragspartner in zukünftigen Verträgen etwas anderes vereinbaren. Die Anlagen und alle vereinbarten Leistungsscheine sind Bestandteile des Vertrages. Die Bestimmungen der Leistungsscheine gehen den Bestimmungen der jeweiligen Anlage vor, und diese gehen den Bestimmungen dieses Rahmenvertrages vor.

4. Der Diensteanbieter verwendet diesen Vertrag nur gegenüber Unternehmern im Rahmen ihrer Geschäftstätigkeit. Mit Verbrauchern vereinbart er Sonderbedingungen für die Nutzung der Dienste.

§ 2 Hotline

Der Diensteanbieter betreibt eine im jeweiligen Leistungsschein bekanntgegebene, kostenlose Hotline, über die der Kunde telefonisch oder per E-Mail Hilfe bei Fragen zu den Diensten, Problemen und Störungen erhält. Die Hotline steht zu den Geschäftszeiten des Diensteanbieters (§ 3 Abs. 1) zur Verfügung.

§ 3 Leistungszeit, Verfügbarkeit

1. Der Diensteanbieter erbringt, soweit nicht anders vereinbart, Leistungen innerhalb seiner Geschäftszeiten von Montag bis Freitag 8:00 Uhr bis 18:00 Uhr mit Ausnahme von Feiertagen am Sitz des Diensteanbieters.
2. Die Dienste gemäß § 1 lit. a–d und f stehen dem Kunden täglich 24 Stunden an sieben Tagen in der Woche zu Verfügung, soweit nicht in der jeweiligen Anlage oder im Leistungsschein eine andere Verfügbarkeit vereinbart ist und soweit sich aus den nachfolgenden Absätzen nichts anderes ergibt.
3. Innerhalb der Leistungszeit gemäß § 3 Abs. 2 gewährt der Diensteanbieter folgende Betriebsmodi:
   a. Bediente Betriebszeit: 6:00 Uhr bis 22:00 Uhr (Anwesenheit von Fachpersonal).
   b. Unbediente Betriebszeit: 22:00 Uhr bis 6:00 Uhr (Dienste werden für den bedienerlosen Betrieb bereitgestellt. Es erfolgt keine Betreuung und keine Überwachung durch Personal des Diensteanbieters).
4. Planbare Wartungsarbeiten werden in der unbedienten Betriebszeit gemäß § 3 Abs. 2 lit. b durchgeführt. Unterbrechungen der Dienste wird der Diensteanbieter so gering wie möglich halten und dem Kunden mindestens zwei Wochen im Voraus ankündigen. Nicht planbare Wartungsarbeiten werden, soweit im Einzelfall möglich und den Beteiligten zumutbar, ebenfalls in der unbedienten Betriebszeit durchgeführt. Nicht planbare Wartungsarbeiten sind solche, die nicht vorhersehbar waren (z. B. höhere Gewalt) oder die auf Umständen beruhen, die der Diensteanbieter nicht zu vertreten hat. Über den Beginn und die Dauer solcher Wartungsarbeiten informiert der Diensteanbieter den Kunden – soweit technisch möglich – unverzüglich nach Kenntnis der Erforderlichkeit.
5. Von der gewährten Verfügbarkeit ausgenommen sind Zeiträume,
   – in denen der Diensteanbieter gemäß § 3 Abs. 4 Satz 1 planbare Wartungsarbeiten erbringt und

- in denen der Diensteanbieter infolge höherer Gewalt oder solcher Umstände, die der Diensteanbieter nicht zu vertreten hat, die Leistungen nicht, nicht fristgerecht oder nicht mit der vereinbarten Verfügbarkeit oder Qualität erbringen kann.

6. Voraussetzung dafür, dass die vereinbarte Verfügbarkeit der Dienste erreicht werden kann, ist, dass der Kunde die dafür notwendigen Mitwirkungspflichten erbringt und die vom Diensteanbieter beim Kunden installierten und für die Leistungserbringung notwendigen Geräte sorgfältig behandelt und dauerhaft in Betrieb hält. Dies gilt ebenso für Geräte des Kunden, die vereinbarungsgemäß in Überwachungsmaßnahmen des Dienstanbieters einbezogen wurden. Informiert der Kunde den Dienstanbieter nicht rechtzeitig über die geplante Abschaltung dieser Geräte, so trägt er den Aufwand dafür, dass der Diensteanbieter aufgrund von Ausfallmeldungen Überprüfungs- und Entstörungsmaßnahmen einleitet.
7. Alle Mahnungen und Fristsetzungen der Vertragspartner müssen schriftlich erfolgen.

§ 4 Urheber- und Nutzungsrechte an Software

Alle Rechte an Software und möglichen Datenbankkomponenten (nachfolgend zusammenfassend „Software" genannt), die der Diensteanbieter dem Kunden zur Erbringung der Dienste überlässt, stehen im Verhältnis zwischen den Vertragspartnern ausschließlich dem Diensteanbieter zu. Der Kunde erhält das nicht ausschließliche und, soweit im jeweiligen Leistungsschein nicht anders vereinbart, das auf die Dauer des Vertrages befristete Recht, die Software im Rahmen des Vertragszwecks und gemäß der Beschreibung in der mitgelieferten Dokumentation zu nutzen. Außer zur erlaubten Nutzung beim Ablaufenlassen der Software und zur Erstellung einer Sicherungskopie wird der Kunde die Software nicht vervielfältigen oder bearbeiten. Unberührt hiervon sind seine gesetzlichen Rechte nach dem Urheberrechtsgesetz (vgl. §§ 69 c ff. UrhG).

§ 5 Vergütung

1. Der Diensteanbieter stellt die Leistungen zu den in den jeweiligen Leistungsscheinen vereinbarten Preisen in Rechnung. Soweit die Art und Weise der Abrechnung nicht in den Anlagen oder Leistungsscheinen geregelt ist, werden monatliche nutzungsunabhängige Pauschalen jeweils monatlich im Voraus, nutzungsabhängige Entgelte zu Beginn des Folgemonats in Rechnung gestellt. Angebrochene Monate werden anteilig für jeden Tag mit 1/30 des Monatsentgelts berechnet. Ist die Abrechnung der Vergütung nach Aufwand vereinbart, wird diese nach Ausführung der Leistung in Rechnung gestellt. Alle Beträge sind Nettobeträge, zu denen jeweils die gesetzliche Umsatzsteuer hinzukommt.

2. Ist eine Vergütung nutzungsabhängig zu bezahlen, werden die Mess-, Nachweis- und Berechnungsmethoden im jeweiligen Leistungsschein festgelegt.

3. Zahlungen sind innerhalb von 14 Tagen nach Zugang der Rechnung ohne Abzug zu leisten. Gerät der Kunde mit der Zahlung in Verzug, ist der Diensteanbieter berechtigt, Zinsen in Höhe von 10 % über dem Basiszinssatz p. a. zu verlangen. Der Diensteanbieter kann einen höheren, der Kunde einen niedrigeren Verzugsschaden nachweisen.

4. Der Diensteanbieter ist berechtigt, die vereinbarte Vergütung durch schriftliche Ankündigung mit einer Frist von sechs Wochen zu ändern, im Falle einer Erhöhung jedoch frühestens zum Ablauf von zwölf Monaten nach Vereinbarung eines Leistungsscheins oder seit der letzten Erhöhung. Eine Erhöhung darf höchstens 10 % im Verhältnis zur vereinbarten Vergütung betragen. Ist der Kunde mit der Preiserhöhung nicht einverstanden, hat er das Recht, den betroffenen Leistungsschein mit einer Frist von zwei Wochen zum Erhöhungszeitpunkt zu kündigen. Kündigt der Kunde den betroffenen Leistungsschein nicht, gilt die Erhöhung als von ihm genehmigt. Der Diensteanbieter wird den Kunden rechtzeitig über das Kündigungsrecht und die Genehmigungswirkung informieren.

5. Der Kunde hat Einwendungen gegen die Höhe der nutzungsabhängigen Abrechnung der Leistung (insbesondere Verbindungsdaten, Datenvolumen) des Diensteanbieters innerhalb von drei Monaten nach Zugang der Rechnung schriftlich gegenüber dem Diensteanbieter zu erheben. Nach Ablauf dieser Frist gilt die Abrechnung als von dem Kunden genehmigt. Der Diensteanbieter wird auf diese Folgen des Verhaltens des Kunden auf der Rechnung deutlich hinweisen. Gesetzliche Ansprüche des Kunden nach Fristablauf bleiben unberührt.

6. Der Kunde kann nur mit unbestrittenen oder rechtskräftig festgestellten Forderungen aufrechnen. Ein Zurückbehaltungsrecht oder die Einrede des nichterfüllten Vertrages steht dem Kunden nur in Bezug auf die betroffene Leistung und nur für den Fall zu, dass der Diensteanbieter eine grobe Pflichtverletzung begangen oder für eine nicht vertragsgemäße Leistung bereits den Teil der Vergütung erhalten hat, der dem Wert der Leistung entspricht, soweit sie vertragsgemäß ist, oder wenn der Gegenanspruch auf den sich der Kunde stützt, vom Diensteanbieter unbestritten oder rechtskräftig festgestellt ist.

§ 6 Leistungsänderungen

1. Soweit der Diensteanbieter Dienste und Leistungen erbringt, die ausdrücklich kostenfrei erbracht werden, kann er diese jederzeit mit Vorankündigung von einem Monat einstellen. Erfüllungs- oder Schadensersatzansprüche oder ein Kündigungsrecht stehen dem Kunden daraus nicht zu.

2. Der Diensteanbieter bietet Art und Umfang der vereinbarten Leistungen auf der Grundlage der derzeitigen technischen, rechtlichen und kommerziellen Rahmenbedingungen für die Nutzung des Internets an. Ändern sich diese aus Gründen, die dem Diensteanbieter nicht zurechenbar sind und wird dem Diensteanbieter dadurch die Zurverfügungstellung der vertragsgemäßen Leistungen wesentlich erschwert, kann er den angebotenen Dienst ändern, soweit dies dem Kunden zumutbar ist. Der Diensteanbieter ist verpflichtet, den Kunden unverzüglich zu informieren, wenn die weitere Bereitstellung des Dienstes im vereinbarten Umfang aus den zuvor genannten Gründen gefährdet ist. Eine Änderung des Dienstes, dessen zukünftiger Inhalt und eine eventuelle Änderung der Vergütung hat der Diensteanbieter mit einer Frist von mindestens drei Monaten anzukündigen. Führt die Änderung zu einer Leistungsminderung, ist die hierfür vereinbarte Vergütung entsprechend zu mindern.

3. Der Kunde hat das Recht, den Vertrag in Bezug auf den betroffenen Dienst mit einer Frist von zwei Wochen zum Änderungszeitpunkt zu kündigen. Auf dieses Recht wird der Diensteanbeiter den Kunden im Rahmen der Ankündigung gem. Abs. 2 hinweisen. Weitere Ansprüche des Kunden (z.B. auf Vertragserfüllung oder Schadensersatz) sind ausgeschlossen.

§ 7 Verantwortlichkeit für Inhalte

Für die Richtigkeit, Vollständigkeit und Gesetzmäßigkeit der von dem Kunden im Rahmen der Nutzung der Dienste eingegebenen Daten sowie für die von ihm eingebrachten Inhalte ist der Kunde selbst verantwortlich. Solche Inhalte werden von dem Diensteanbieter nicht rechtlich geprüft und nur soweit zur Kenntnis genommen, wie dies für die Vertragserfüllung erforderlich ist. Rechtliche Prüfungen im Rahmen von § 9 bleiben unberührt. Der Diensteanbieter ist auch für Inhalte, die dem Kunden durch Nutzung der Internet-Dienste zugänglich werden, nicht verantwortlich. Die Haftung des Diensteanbieters für eigene Inhalte bleibt unberührt.

§ 8 Pflichten des Kunden, Rechtsverletzung

1. Der Kunde überlässt dem Diensteanbieter rechtzeitig alle von diesem angeforderten und für die Vertragsdurchführung erforderlichen Informationen und teilt Änderungen unverzüglich schriftlich mit.

2. Der Kunde ist für die Funktionsfähigkeit sämtlicher für die Nutzung der Internet-Dienste in seinem internen Netz erforderlichen und von ihm gem. Leistungsschein beizustellenden Komponenten (z.B. Hardware, Browser, Modem, etc.) verantwortlich.

3. Der Kunde wird Informationen des Diensteanbieters unter der Rubrik „Kundeninfo“ unter http://www.diensteanbieter.de/kundeninfo.html regelmäßig zur Kenntnis nehmen.

4. Erhält der Kunde für den Zugriff auf einen Dienst eine Zugangskennung, so hat er diese geheimzuhalten und der missbräuchlichen Nutzung durch Dritte vorzubeugen. Wird aus Umständen, die der Kunde zu vertreten hat, ein Missbrauch der Zugangskennung möglich, trägt der Kunde hierdurch den dem Diensteanbieter entstandenen Schaden.

5. Der Kunde darf die zur Verfügung gestellten Dienste nur sachgerecht nach Maßgabe dieses Vertrages und unter Beachtung des deutschen Rechts nutzen. Insbesondere ist er verpflichtet,

   a. den Dienst nicht missbräuchlich zu nutzen, insbesondere keine rechts- oder sittenwidrigen oder solche Inhalte einzustellen oder auf solche Inhalte durch Hyperlink zu verweisen, die gegen Rechte Dritter verstoßen oder rechtswidrig sind (z. B. Verstöße gegen Persönlichkeits-, Urheber-, Marken-, Wettbewerbsrecht);

   b. keine Massen-E-Mails oder Werbe-E-Mails mittels des nach diesem Vertrag zur Verfügung gestellten Dienstes an Dritte zu versenden, die dies nicht wünschen oder für deren Versendung die Rechtsgrundlage fehlt („Unsolicited Bulk/Commercial E-Mail“);

   c. den anerkannten Grundsätzen der Datensicherheit Rechnung zu tragen und insbesondere sicherzustellen, dass seine Systeme, Inhalte, Skripte oder Programme so gestaltet sind, dass von diesen keine Gefahr auf den Betrieb anderer Systeme – insbesondere der Systeme des Diensteanbieters – ausgehen können;

   d. sich nicht auf den Speicherplatz beim Diensteanbieter als einziges Speichermedium für seine Inhalte zu verlassen, insbesondere eingestellte Inhalte in maschinenlesbarer Form selbst vorzuhalten;

   e. seine geschäftsmäßigen und kommerziellen Angebote entsprechend den gesetzlichen Bestimmungen (z. B. §§ 6, 7 TDG, § 10 MDStV, §§ 312 ff BGB) ordnungsgemäß zu kennzeichnen. Der Diensteanbieter ist berechtigt, bei Verstoß die Kennzeichnung nachzuholen sowie kommerzielle Angebote, die nicht als solche erkennbar sind, als solche deutlich kenntlich zu machen.

§ 9 Sperrung, Freistellung

1. Der Diensteanbieter ist berechtigt, von seinem Leistungsverweigerungsrecht Gebrauch zu machen, insbesondere den Zugriff auf den betroffenen Dienst für die Dauer der Aufrechterhaltung der nachfolgend beschriebenen Voraussetzungen zu sperren,

a. wenn der Diensteanbieter durch Anordnung von Gerichten oder Behörden zur entsprechenden Sperrung aufgefordert wird;
b. wenn der Diensteanbieter Kenntnis von rechtswidrigen Inhalten erhält;
c. wenn der Kunde wesentliche Pflichten aus diesem Vertrag (z.B. §§ 7, 8) verletzt und die Pflichtverletzung trotz Aufforderung des Diensteanbieters mit Fristsetzung und der Androhung der Sperrung aufrecht erhält oder wiederholt;
d. wenn der Kunde mit der Bezahlung eines nicht unerheblichen Teils der Vergütung mehr als sechs Wochen in Verzug ist. Dieses Recht steht dem Diensteanbieter bei Erbringung von Telekommunikationsdienstleistungen (E-Mail-Dienst, Internet-Access) dann zu, wenn die Höhe der Vergütung, mit der der Kunde in Verzug ist, mindestens EUR 75,00 beträgt. Das Recht zur Sperrung bezieht sich jeweils nur auf den Dienst, der vom Zahlungsverzug betroffen ist.

Das Recht des Diensteanbieters zur fristlosen Kündigung gem. § 16 Abs. 3 des Vertrages bleibt unberührt.

2. Der Diensteanbieter ist berechtigt, dem Kunden die Sperrung des betroffenen Dienstes anzudrohen,
   a. wenn Dritte Rechtsverletzungen durch Inhalte oder die Nutzung der Dienste durch den Kunden behaupten und glaubhaft machen oder
   b. wenn aus anderen Gründen berechtigte Zweifel an deren Rechtmäßigkeit oder Vertragsgemäßheit (insbesondere gemäß §§ 7, 8) der Nutzung der Dienste bestehen.
3. Der Diensteanbieter informiert den Kunden unverzüglich schriftlich über die bestehende oder drohende Sperrung sowie deren Anlass und räumt ihm eine dem Anlass angemessene Frist zur Stellungnahme ein. Räumt der Kunde den Grund für die angedrohte Sperrung nicht aus, ist der Diensteanbieter berechtigt, die Sperrung zu vollziehen. Die Sperrung oder deren Androhung werden aufgehoben, sobald der Kunde dem Diensteanbieter die Vertragsgemäßheit und Rechtmäßigkeit der Inhalte oder der Nutzung nachweist oder die Umstände, die die Sperrung begründen, entfallen und der Diensteanbieter davon Kenntnis erlangt.
4. Die Vergütungspflicht für die gesperrten Dienste, die nutzungsunabhängig vereinbart sind, bleibt während der Sperrung, höchstens jedoch bis zum durch ordentliche Kündigung erreichbaren nächsten Beendigungszeitpunkt, bestehen, es sei denn, die Sperrung war unberechtigt oder der Kunde weist nach, dass der Diensteanbieter Aufwand erspart hat.
5. Der Kunde stellt den Diensteanbieter von allen Nachteilen einschließlich der dadurch ausgelösten Kosten frei, die dem Diensteanbieter dadurch entstehen, dass Dritte den Diensteanbieter in Anspruch nehmen, weil der Kunde schuldhaft im Rahmen der Nutzung des Dienstes entweder schädigende Handlungen begangen oder den Dienst missbräuchlich genutzt hat (insbesondere entgegen § 8 Abs. 5).

§ 10 Leistungsstörungen, Sach- und Rechtsmängel

1. Der Diensteanbieter ist dafür verantwortlich, dass seine Dienste gemäß den vertraglichen Vereinbarungen genutzt werden können. Leistungsstörungen, die dem Diensteanbieter nicht zurechenbar sind oder die nur zu einer unerheblichen Minderung der Nutzbarkeit der Dienste führen, sind unbeachtlich. Dies gilt auch für Abweichungen von vereinbarten Leistungsdaten, die durch außerhalb des Verantwortungsbereiches des Diensteanbieters liegende Umstände verursacht werden (z. B. durch Netzüberlastung außerhalb des Datennetzes des Diensteanbieters, eigene Hard- und Softwareausstattung des Kunden, Umgebungsbedingungen, Fehlbedienung, externe schadhafte Daten oder sonstige nicht aus dem Risikobereich des Diensteanbieters stammende Gründe).

2. Stellt der Diensteanbieter Störungen fest, die die Nutzbarkeit des Dienstes für den Kunden beeinträchtigen, wird der Diensteanbieter den Kunden hiervon unverzüglich informieren. Der Kunde wird dem Diensteanbieter für ihn erkennbare Mängel und Störungen der Dienste sowie drohende Gefahren (z. B. durch Viren oder Denial-Of-Service-Angriffe) unverzüglich schriftlich anzeigen. Der Diensteanbieter beginnt innerhalb der im jeweiligen Leistungsschein vereinbarten Reaktionszeit mit der Störungsbearbeitung.

3. Störungen der Nutzbarkeit von dauerhaft erbrachten Leistungen (§ 1 lit. a–d, f), die dem Diensteanbieter zurechenbar sind, wird der Diensteanbieter nach entsprechender Meldung des Kunden innerhalb angemessener Zeit beheben. Im Falle von Rechts- oder Sachmängeln wird der Diensteanbieter Nacherfüllung leisten, soweit dies möglich und für den Diensteanbieter verhältnismäßig sowie für den Kunden zumutbar ist. Der Diensteanbieter hat die Wahl der Nacherfüllungsart.

4. Sofern eine nicht nur unerhebliche Störung der Leistungen des Diensteanbieters insgesamt länger als zwei Stunden in der bedienten Betriebszeit gem. § 3 Abs. 2 lit. a innerhalb eines Monats oder im Übrigen länger als zehn Stunden andauert, ist der Kunde berechtigt, die für den betroffenen Dienst monatlich berechnete nutzungsunabhängige Vergütung ab dem Zeitpunkt der Meldung der Störung für jede ausgefallene Stunde um 0,5% der monatlichen Nutzungsvergütung in Bezug auf den betroffenen Dienst zu mindern. Bei Leistungsstörungen, die außerhalb des Verantwortungsbereiches des Diensteanbieters liegen, reduziert sich das Minderungsrecht auf 0,25%.

5. Falls die Behebung der Störung oder des Mangels unmöglich ist, vom Diensteanbieter verweigert wird oder fehlschlägt, hat der Kunde das Recht zur fristlosen Kündigung in Bezug auf die betroffene Leistung. Für Ansprüche auf Schadensersatz und Ersatz vergeblicher Aufwendungen gilt § 11. Andere Gewährleistungsansprüche (z. B. § 536 Abs. 1 BGB) sind aus-

geschlossen, es sei denn, der Diensteanbieter hat den Mangel arglistig verschwiegen.

6. Ansprüche aus Mängeln verjähren innerhalb eines Jahres. Die Frist beginnt mit dem Schluss des Jahres, in dem der Anspruch entstanden ist und der Kunde von den den Anspruch begründenden Umständen und der Person des Schuldners Kenntnis erlangt hat oder ohne grobe Fahrlässigkeit Kenntnis erlangen musste. Die Verjährung tritt spätestens in den in § 199 BGB genannten Höchstfristen ein. Diese Beschränkung der Verjährungsfrist gilt nicht für Erbringung von Telekommunikationsleistungen für die Öffentlichkeit. Für solche Leistungen gilt nach der Telekommunikations-Kundenschutzverordnung (TKV) die gesetzliche Verjährungsfrist.
7. Stellt sich im Rahmen der Analyse des von Kunden gerügten Mangels oder der gerügten Störung heraus, dass der Diensteanbieter nicht dafür verantwortlich ist, ist dieser berechtigt, den Analyseaufwand gemäß der vereinbarten Preisliste in Rechnung zu stellen, wenn der Kunde hätte erkennen können, dass eine dem Diensteanbieter zurechenbare Störung nicht vorlag.

§ 11 Schadensersatz, Ersatz vergeblicher Aufwendungen

1. Die Haftung des Diensteanbieters für bei der Erbringung von Telekommunikationsdienstleistungen für die Öffentlichkeit fahrlässig verursachte Vermögensschäden richtet sich nach der Telekommunikations-Kundenschutzverordung (TKV) [zukünftig: nach § 44a TKG].
2. Außerhalb des Anwendungsbereichs von Abs. 1 und soweit sich aus den Leistungsscheinen nichts anderes ergibt, leistet der Diensteanbieter Schadensersatz und Ersatz vergeblicher Aufwendungen, gleich aus welchem Rechtsgrund (z.B. Pflichtverletzung oder unerlaubter Handlung), nur im folgenden Umfang:
   a. bei Vorsatz, bei Übernahme einer Garantie bezüglich der garantierten Beschaffenheit, bei Arglist sowie bei grober Fahrlässigkeit haftet der Diensteanbieter in voller Höhe;
   b. in anderen Fällen haftet der Diensteanbieter unbeschränkt nur bei Verletzung einer vertragswesentlichen Pflicht auf Ersatz des typischen, vorhersehbaren Schadens. Bei einfach fahrlässiger Verletzung von Nebenpflichten haftet der Diensteanbieter begrenzt auf EUR .... pro Schadensfall;
   c. für bereits bei Vertragsschluss vorhandene Störungen und Mängel haftet der Diensteanbieter nur, wenn er diese zu vertreten hat.
3. Die gesetzliche Haftung bei Personenschäden und nach dem Produkthaftungsgesetz bleibt unberührt.
4. Der Diensteanbieter haftet für die Wiederbeschaffung von Daten nur, wenn der Kunde sichergestellt hat, dass die Daten aus in maschinenlesbarer

Form bereitgehaltenen Datenbeständen mit vertretbarem Aufwand reproduzierbar sind. Die Haftung für Vorsatz bleibt unberührt.

§ 12 Datensicherheit

1. Der Diensteanbieter setzt für seine Systeme die im jeweiligen Leistungsschein beschriebenen Maßnahmen zur Sicherstellung der Betriebssicherheit um. Zu diesen Maßnahmen gehören, soweit vereinbart, Firewall- oder Filterfunktionen. Über die im Leistungsschein aufgeführten Maßnahmen hinausgehende Anforderungen müssen vertraglich vereinbart werden.
2. Der Diensteanbieter weist den Kunden darauf hin, dass sich im Internet als einem offenen Kommunikationssystem jederzeit Sicherheitslöcher öffnen können, die bis zu ihrem Auftreten nicht bekannt waren und nach dem Stand der Technik auch nicht bekannt sein mussten. Der Diensteanbieter wird nach Kenntnis und Überprüfung von Sicherheitslöchern im erforderlichen Umfang Abwehrmaßnahmen ergreifen. Der Kunde wird seinerseits auf dem in seinem Risikobereich befindlichen System die dem Stand der Technik entsprechenden Sicherheitskomponenten, Softwareupdates und -patches installieren, regelmäßig Sicherheitsprüfungen und Datensicherungen durchführen und sich bei besonders hohem Sicherheitsbedürfnis kryptografischer Verfahren zum Schutz vor unbefugter Kenntnisnahme und/oder Veränderung von Daten bedienen.

§ 13 Fernmeldegeheimnis

Der Diensteanbieter unterliegt bei der Erbringung von Telekommunikationsleistungen und Telediensten dem Fernmeldegeheimnis und den sich daraus ergebenden Schutzpflichten.

§ 14 Geheimhaltung

1. Die Vertragspartner verpflichten sich, alle ihnen bei der Vertragsdurchführung von dem jeweils anderen Vertragspartner zugehenden oder bekannt werdenden Geschäfts- und Betriebsgeheimnisse oder als vertraulich bezeichneten Informationen geheim zu halten. Die Geheimhaltungspflicht besteht auch nach Beendigung dieses Vertrages fort, es sei denn, die Informationen werden in autorisierter Weise öffentlich bekannt.
2. Der Diensteanbieter weist darauf hin, dass er außerhalb seines Herrschaftsbereichs nicht für die Vertraulichkeit und Integrität der über das Internet übermittelten Inhalte verantwortlich ist. Der Kunde hat zum Schutz seiner Inhalte eigene Vorkehrungen (z. B. durch kryptografische Verfahren wie Verschlüsselung und elektronische Signatur) zu treffen.

§ 15 Datenschutz

1. Der Diensteanbieter hält die Regeln des Datenschutzes ein und steht dafür ein, dass alle Personen, die mit der Abwicklung dieses Vertrages betraut werden, diese Vorschriften ebenfalls beachten. Soweit sich der Diensteanbieter zur Erbringung der Leistungen Dritter bedient, ist er berechtigt, diesen die Daten des Kunden in dem Umfang offenzulegen, wie dies für die Durchführung des Vertrages erforderlich ist. Der Diensteanbieter weist den Kunden darauf hin, dass es aufgrund der Struktur des Internet möglich ist, dass Dritte Kenntnis von Daten erhalten, die der Kunde unverschlüsselt über das Internet überträgt oder dass übertragene Daten, die aufgrund ihrer Adressierung den Geltungsbereich des Bundesdatenschutzgesetzes nicht verlassen sollen, diesen Bereich trotzdem verlassen.
2. Der Diensteanbieter erhebt, speichert und verarbeitet im notwendigen Umfang personenbezogene Daten des Kunden und derer, die über den Kunden den Dienst nutzen (Anrede, Namen, Vertretungsverhältnis, Anschrift, E-Mail-Adresse, Telefonnummer, Bankverbindung, in den Dienst eingebundene Endgeräte, Beginn und Ende der Nutzung des jeweiligen Dienstes, Zugangskennung) gemäß den Bestimmungen der Datenschutzvorschriften.
3. Die personenbezogenen Daten des Kunden, soweit diese für die Begründung, inhaltlich Ausgestaltung oder Änderung des Vertragsverhältnisses erforderlich sind (Bestandsdaten), werden ausschließlich zur Abwicklung der zwischen den Vertragspartnern abgeschlossenen Verträge verwendet.
4. Die personenbezogenen Daten des Kunden, die erforderlich sind, um die Inanspruchnahme der Dienste des Diensteanbieters zu ermöglichen und abzurechnen (Nutzungsdaten), werden ebenfalls ausschließlich zur Abwicklung der zwischen den Vertragspartnern abgeschlossenen Verträge verwendet. Solche Nutzungsdaten sind insbesondere die Merkmale zur Identifikation als Nutzer, Angaben über Beginn und Ende sowie über den Umfang der jeweiligen Nutzung und Angaben über die vom Kunden als Nutzer in Anspruch genommenen Dienste.
5. Eine darüber hinausgehende Nutzung der Daten zum Zwecke der Werbung, der Marktforschung oder der bedarfsgerechten Gestaltung der Angebote des Diensteanbieters bedarf der ausdrücklichen schriftlichen Einwilligung des Kunden.
6. Die Nutzungsdaten werden solange gespeichert, wie sie für Abrechnungszwecke erforderlich sind, längstens bis zu sechs Monate nach Versendung der Rechnung, es sei denn, der Nutzer hat Einwendungen gegen die Rechnung erhoben oder die Rechnung ist bis zu diesem Zeitpunkt noch nicht bezahlt.
7. Soweit der Kunde weitere Informationen wünscht oder eine ausdrücklich erteilte Einwilligung zur Verwendung der Bestandsdaten abrufen oder wi-

derrufen bzw. der Verwendung der Nutzungsdaten widersprechen will, kann er dies unter folgender E-Mail-Adresse tun:

- datenschutz@diensteanbieter.de

§ 16 Vertragslaufzeit und Kündigung

1. Dieser Vertrag wird mit beiderseitiger Unterzeichnung wirksam. Die Leistungspflicht in Bezug auf den vereinbarten Dienst beginnt ab dem im jeweiligen Leistungsschein vereinbarten Termin.

2. Die Vertragspartner können diesen Rahmenvertrag sowie jeden Leistungsschein mit einer Frist von drei Monaten zum Ablauf eines Vertragsjahres kündigen, soweit sich nicht aus einer Anlage zum Vertrag oder einem Leistungsschein etwas anderes ergibt. Der Rahmenvertrag ist jedoch nicht vor Ende der vereinbarten Mindestvertragsdauern aller Leistungsscheine kündbar.

3. Die Kündigung aus wichtigem Grund bleibt den Vertragspartnern unbenommen. Ein wichtiger Grund liegt insbesondere vor, wenn ein Vertragspartner eine vertragliche Pflicht nicht nur unerheblich verletzt (z. B. Verstoß des Kunden gegen §§ 7, 8). Für die Kündigung aus wichtigem Grund gelten die Regeln in § 314 BGB.

4. Jede Kündigung bedarf zu ihrer Wirksamkeit der Schriftform und hat per Brief oder per Telefax zu erfolgen. E-Mail-Erklärungen sind hierfür nicht ausreichend.

5. Mit Beendigung des jeweiligen Dienstes ist der Diensteanbieter berechtigt, ohne weiteren Hinweis gespeicherte Inhalte des Kunden von den für die Leistungserbringung verwendeten Systemen zu löschen. Der Kunde ist dafür verantwortlich, von den Inhalten rechtzeitig Kopien auf eigenen Systemen anzufertigen oder den Diensteanbieter zu beauftragen, die Inhalte kostenpflichtig für einen längeren Zeitraum aufzubewahren oder Kopien zu überlassen. Der Diensteanbieter kann diesen Auftrag ablehnen, wenn und solange der Kunde mit Zahlungspflichten aus diesem Vertrag in Verzug ist oder die Vorauszahlungspflicht für die Erstellung der Kopien oder die Aufbewahrung der Daten ablehnt.

§ 17 Formerfordernisse, Kundeninformationen

1. Änderungen und Ergänzungen aller Vertragsbestandteile bedürfen der Schriftform. Soweit eine Erklärung schriftlich zu erfolgen hat, genügen die Vertragspartner dem Schriftformerfordernis auch durch die Versendung von Dokumenten per Fax und per E-Mail, soweit sich aus diesem Vertrag nichts anderes ergibt.

2. Mitteilung und Ankündigung des Diensteanbieters in Bezug auf die vereinbarten Dienste (gemäß § 3 Abs. 4, § 6 Abs. 1) können auch durch Eintragung in der Rubrik „Kundeninfo“ unter http://www.diensteanbieter.de/kundeninfo.html erfolgen.

§ 18 Rechtswahl, Gerichtsstand, Salvatorische Klausel

1. Sämtliche Rechtsbeziehungen der Vertragspartner unterliegen deutschem Recht unter Ausschluss des UN-Kaufrechts. Gerichtstand für alle Streitigkeiten aus diesem Vertragsverhältnis ist am Sitz des Diensteanbieters.
2. Sollte eine Bestimmung dieses Vertrages unwirksam sein oder werden oder sollte der Vertrag unvollständig sein, so wird der Vertrag im übrigen Inhalt nicht berührt. Die Vertragspartner werden die unwirksame Bestimmung durch eine solche Bestimmung ersetzen, welche dem Sinn und Zweck der unwirksamen Bestimmung in rechtswirksamer Weise wirtschaftlich am nächsten kommt. Dasselbe gilt für Vertragslücken.

................................, den	................................, den ....
....	....
Kunde	Diensteanbieter

Anlagen

Anlage IA: Internet-Access

IZ.1. Leistungsbeschreibung

1. Der Diensteanbieter ermöglicht dem Kunden den Zugang zum Internet. Er stellt hierfür einen im Leistungsschein beschriebenen Übergabepunkt bereit, um dem Kunden zu ermöglichen, Daten in Form von Datagrammen des Internet Protocol (IP) an eine andere Internetadresse zu senden oder Daten aus dem Internet zu empfangen. Der Diensteanbieter ist verantwortlich für die Datenkommunikation innerhalb seines eigenen Netzes.
2. Die Anbindung des Kunden zum Netzzugangsknoten erfolgt über eine vom Kunden bereitzustellende Telekommunikationsverbindung. Soweit im jeweiligen Leistungsschein zwischen den Vertragspartnern vereinbart, stellt der Diensteanbieter dem Kunden eine Telekommunikationsverbindung (z. B. Standleitung, XDSL-Anschluss) zur Verfügung.
3. Art und Güte der Verbindung zwischen dem Netz des Diensteanbieters und dem Internet sowie die technischen Leistungsdaten (Verfügbarkeit, Einwahlnummer, IP-Adressbereiche, Bandbreite, Übertragungsgeschwindigkeit, Übergabepunkt, Routingprotokolle, Teilnetze) und die bei dem Kunden erforderlichen Hard- und Softwarevoraussetzungen vereinbaren die Vertragspartner in dem jeweiligen Leistungsschein.

Anlage EM: E-Mail-Dienst

EM.1. Leistungsbeschreibung

1. Der Diensteanbieter richtet dem Kunden die im Leistungsschein genannten E-Mail-Accounts nebst E-Mail-Adressen ein, stellt ihm für den Mailverkehr Speicherplatz auf Mailservern in dem im Leistungsschein genannten Umfang zur Verfügung und bietet ihm die Möglichkeit, die auf diesem Speicherplatz eingehenden Nachrichten abzurufen oder auf dem Server des Diensteanbieters zu verwalten.
2. Der Diensteanbeiter empfängt E-Mails des Kunden, speichert sie und versendet sie an die Empfängeradresse. Der erfolgreiche Transport der Nachricht an die Empfängeradresse ist nur im eigenen Netz des Diensteanbieters bis zum Übergabepunkt seines Netzes zu anderen Teilnetzen des Internets geschuldet. Den erfolgreichen Transport an Empfängeradressen außerhalb dieses Netzes kann der Diensteanbieter aus technischen Gründen nicht sicherstellen.
3. Der Diensteanbieter empfängt an den Kunden gerichtete Nachrichten und stellt dem Kunden für seine eingehenden Mails Speicherplatz auf einem Mail-Server zur Verfügung. Eingehende Mails werden an den Mailserver

des Kunden weitergeleitet. Ist dieser nicht erreichbar, so speichert der Mailserver des Diensteanbieters die eingehenden Mails zwischen und liefert sie an den Mailserver des Kunden aus, sobald dieser wieder erreichbar ist. Ist der Mailserver des Kunden über die im Leistungsschein genannte Speicherzeit hinaus nicht erreichbar, so veranlasst der Mailserver des Diensteanbieters die Rücksendung der inzwischen aufgelaufenen Mails mit einer Fehlermeldung an die in den Nachrichten genannten Absender.

4. Wenn die vereinbarte Speicherkapazität auf dem für den Kunden eingerichteten Mailserver überschritten wird, können Mails weder empfangen noch versendet werden. Der Diensteanbieter unterrichtet den Kunden hierüber unverzüglich. Mails werden in diesem Fall mit einer Fehlermeldung abgelehnt oder die Rücksendung an den Absender veranlasst.

5. Der Diensteanbieter prüft die transportierten Nachrichten nicht auf Malicious Code. Er behält sich vor, auf dem Mailserver technische Filtermechanismen für Spam-Mails und/oder Malicious Code entsprechend dem Stand der Technik zu etablieren. Für darüber hinausgehende Maßnahmen wird er zuvor die Einwilligungserklärung des Kunden einholen. Der Diensteanbieter weist darauf hin, dass die eingesetzten Verfahren ein gewisses Risiko der Fehleinstufung bieten. Der Kunde wird dem Diensteanbieter unverzüglich mitteilen, wenn er eine Fehlfunktion der Filter vermutet. Wünscht der Kunde besondere Filtermechanismen, müssen diese im Leistungsschein vereinbart werden.

Anlage WH: Web-Hosting

WH.1. Leistungsbeschreibung

1. Der Diensteanbieter stellt dem Kunden zur Realisierung seiner Internetpräsenz die im Leistungsschein vereinbarte Speicherkapazität auf einem hierzu geeigneten Web-Server zur Verfügung und hält die gespeicherten Inhalte zum Abruf über das Internet bereit. Für den Datentransfer stellt der Diensteanbieter die im Leistungsschein vereinbarte Kapazität zur Verfügung und erlaubt dem Kunden – soweit im Leistungsschein vereinbart – die Hinterlegung und Ausführung von eigenem Programmcode.

2. Die Zuordnung des Speicherplatzes und der Recheneinheit zur Ausführung von Programmcode erfolgt nach Auswahl des Diensteanbieters. Wenn nichts anderes vereinbart ist, erfolgt die Speicherung auf einem Shared Hosting Server, auf dem auch die Webpräsenzen anderer Kunden abgelegt sind. Dabei stellt der Diensteanbieter sicher, dass alle auf dem Shared Hosting Server abgelegten Webpräsenzen unabhängig voneinander erreichbar sind und genügend System-Ressourcen zur Verfügung stehen.

3. Der Diensteanbieter stellt dem Kunden einen mit geeigneten Maßnahmen vor unbefugtem Zugriff geschützten Zugang zum Speicherplatz zur Verfügung.

4. Art und Häufigkeit der Datensicherung des Serversystems und der Inhalte des Kunden sowie die Beschaffenheit der Erstellung von Zugriffs- und Fehler-Logs sowie der Zugriffsstatistiken ergeben sich aus dem Leistungsschein.

WH.2. Leistungsabgrenzung

Die Verantwortung des Diensteanbieters umfasst das unter seiner Kontrolle stehende Netz und die Administration des Servers. Für die Verbindung von den Rechnern des Kunden und des Abrufers bis zum Webserver ist der Diensteanbieter nicht verantwortlich und übernimmt für die Übertragung der Daten im Internet keine Gewähr. Verbindungs- und Kommunikationskosten, insbesondere die Kosten, die für die Kommunikation zwischen dem Rechner des Kunden, des Abrufers und dem Server entstehen, trägt der Kunde.

WH.3. Pflichten des Kunden

1. Der Kunde wird die Daten und Inhalte seiner Web-Präsenz im Rahmen der technischen Vorgaben des Diensteanbieters selbst einstellen, gestalten, administrieren, ändern und erweitern. Die dafür verfügbaren Techniken ergeben sich aus dem jeweiligen Leistungsschein.
2. Der Kunde räumt dem Diensteanbieter die für den ordnungsgemäßen Betrieb der Webpräsenz notwendigen Nutzungsrechte an schutzfähigen Inhalten ein. Hierzu zählt insbesondere das Recht, Vervielfältigungsstücke der Webpräsenz oder Teile hiervon zum Zwecke der Ausführung von Programmcode auf dem Webserversystem, der Übertragung über das Internet und zur Sicherung der Datenbestände herzustellen.

Anlage SH: Server-Housing

SH.1. Leistungsbeschreibung

1. Der Diensteanbieter vermietet dem Kunden Stellplatz für Serversysteme in der im Leistungsschein beschriebenen Housing-Umgebung. Art, Größe und Beschaffenheit des Serverstellplatzes, maximale Leistungsaufnahme und Wärmeabgabe sowie sonstige relevante Umgebungsbedingungen sind im Leistungsschein beschrieben.
2. Die Versorgung der Serversysteme des Kunden mit Betriebsstrom wird durch den Diensteanbieter kostenpflichtig zur Verfügung gestellt. Die Infrastruktur zur Einhaltung vereinbarter Umgebungsparameter übernimmt der Diensteanbieter. Für die Internet-Anbindung der Serversysteme des Kunden ist eine gesonderte Vereinbarung nach Anlage IA (Internet-Access) notwendig.
3. Der Kunde erhält nach den im Leistungsschein beschriebenen Prozeduren Zugang zur Housing-Umgebung, um Wartungsarbeiten an seinen Serversystemen vorzunehmen. Handwerkliche Arbeiten am und im gemieteten

Platz wird der Kunde nur nach Absprache mit dem Diensteanbieter durchführen. Soweit es die im Leistungsschein beschriebenen Sicherheitsmaßnahmen der Housing-Umgebung erfordern, ist eine ständige Begleitung des Kunden während seines Aufenthalts in der Housing-Umgebung durch Mitarbeiter des Diensteanbieters notwendig.

4. Wünscht der Kunde innerhalb der Housing-Umgebung des Diensteanbieters Dienstleistungen anderer Anbieter in Anspruch zu nehmen, so bedarf dies der Zustimmung des Diensteanbieters. Die Zustimmung darf nicht unbillig verweigert werden. Andere Anbieter werden stets durch den Diensteanbieter beaufsichtigt.

5. Der Kunde trägt den Aufwand, der durch die Begleitung des Kunden gem. Abs. 3 und durch die Beaufsichtigung der Arbeiten des anderen Anbieters gem. Abs. 4 entsteht. Maßgeblich ist die jeweils gültige Preisliste des Diensteanbieters.

6. Verkabelungsarbeiten außerhalb des vom Kunden gemieteten Platzes wird ausschließlich der Diensteanbieter vornehmen, der diese Arbeiten dem auftraggebenden Kunden nach den im Leistungsschein vereinbarten Preisen berechnet. Der Diensteanbieter ist berechtigt, ohne seine Zustimmung verlegte Kabel außerhalb des vom Kunden gemieteten Platzes nach erfolgloser Beseitigungsaufforderung gegenüber dem Kunden auf dessen Kosten zu entfernen.

SH.2. Pflichten des Kunden

1. Der Kunde ist dafür verantwortlich, dass die von ihm in der Housing-Umgebung angesiedelten Serversysteme die im Leistungsschein vereinbarten Leistungsparameter einhalten. Der Diensteanbieter ist berechtigt, die Einhaltung dieser Bedingungen bei Inbetriebnahme und danach zu überwachen. Stellt sich nach der Inbetriebnahme der Systeme heraus, dass die Systeme des Kunden die im Leistungsschein vereinbarten Parameter überschreiten, so kann der Diensteanbieter dies gegenüber dem Kunden schriftlich rügen und nach erfolglosem Ablauf einer angemessenen Frist die Außerbetriebnahme verlangen oder wenn die Abweichungen nicht nur unerheblich sind, die Systeme des Kunden selbst – zum Beispiel durch Unterbrechung der Energieversorgung – außer Betrieb nehmen.

2. Der Kunde ist für den Betrieb und die Administration der Systeme selbst verantwortlich. Er wird dafür Sorge tragen, dass er die in der Vereinbarung über die Internet-Anbindung seiner Systeme vereinbarten Auflagen einhält. Der Kunde ist sich bewusst, dass durch die in der Housing-Umgebung vorhandene hohe Bandbreite Konfigurationsfehler innerhalb seiner Systeme zu sehr hohen Kosten führen können.

Anlage DED: Registrierung und Betreuung von Internet-Domainnamen unter der Top Level Domain „de“

DED.1. Leistungsbeschreibung

1. Der Diensteanbieter übernimmt im Namen und im Auftrag des Kunden und nach Maßgabe der nachfolgenden Regeln die Anmeldung zur Registrierung eines Internet-Domainnamens sowie die Betreuung des registrierten Domainnamens. Der Domainwunsch des Kunden ergibt sich aus dem Leistungsschein.
2. Die Registrierung eines Domainnamens unterhalb der Top-Level-Domain „de“ erfolgt bei der DENIC eG. Hierfür sowie für die Aufrechterhaltung der Domain bei der DENIC eG gelten die Domainrichtlinien und -bedingungen der DENIC eG (http://www.denic.de/).
3. Der Diensteanbieter wird im Verhältnis zwischen dem Kunden und der DENIC eG lediglich als Vermittler tätig. Durch den Vertrag über die Registrierung einer Domain mit der DENIC eG wird ausschließlich der Kunde berechtigt und verpflichtet. Der Kunde wird Inhaber der Domain.
4. Der Diensteanbieter betreut den Domainnamen für die Dauer der im Leistungsschein vereinbarten Laufzeit. Der Diensteanbieter wird – soweit im Leistungsschein nichts anderes vereinbart ist – als technischer Ansprechpartner (tech-c) und als Zonenverwalter (zone-c) für den Kunden gegenüber der DENIC eG auftreten. Er betreut die Vertragsbeziehung zwischen dem Kunden und der DENIC eG. Er ist für die Dauer des Vertrags vom Kunden bevollmächtigt, alle für die Aufrechterhaltung und Beendigung des Domainvertrags erforderlichen Erklärungen für den Kunden gegenüber der DENIC eG abzugeben (z. B. regelmäßige Verlängerung der Domainregistrierung, soweit im Leistungsschein vereinbart) und sorgt für die finanzielle Abwicklung in Bezug auf die Leistungen der DENIC eG.

DED.2. Pflichten des Diensteanbieters

1. Der Diensteanbieter hat auf die Vergabe von Domainnamen keinen Einfluss. Der Diensteanbieter schuldet nur die ordnungsgemäße Vermittlung eines nach den Vorgaben der DENIC eG ausgefüllten Auftrages zur Anmeldung der vom Kunden gewünschten Domain. Der Diensteanbieter kann dem Kunden hierfür einen Vordruck oder ein elektronisches Formular zur Verfügung stellen.
2. Der Dienstanbieter bearbeitet die Anmeldungswünsche in der Reihenfolge des zeitlichen Eingangs innerhalb angemessener Frist, soweit nicht im Leistungsschein eine Leistungsfrist vereinbart ist.
3. Mit Ausnahme der formalen Prüfung des Domainwunsches führt der Diensteanbieter eine Prüfung des Inhalts der Anmeldung nicht durch. Insbesondere prüft er nicht die Berechtigung des Kunden zur Führung des Domainnamens. Für die Vereinbarkeit der Zeichenfolge des vom Kunden

gewählten Domainnamens mit Rechten Dritter (z.B. Namens-, Firmen-, Marken-, Urheber- oder sonstiger Schutzrechte) oder mit sonstigen rechtlichen Regeln (z.B. Wettberwerbs-, Berufs- oder Standesrecht) ist der Kunde ausschließlich selbst verantwortlich.

4. Der Diensteanbieter ist berechtigt, bei Vorliegen von Anhaltspunkten, aus denen sich eine Rechtsverletzung ergeben könnte, die Durchführung des Auftrages zu verweigern. Er wird den Kunden unverzüglich informieren, wenn er den Registrierungsauftrag nicht ausführt.

5. Der Diensteanbieter übernimmt keine Gewähr dafür, dass der für den Kunden beantragte Domainname – obwohl zum Zeitpunkt der Antragstellung die Domain-Datenbank der DENIC eG die Verfügbarkeit bestätigt hat – dem Kunden auch tatsächlich zugeteilt wird oder auf Dauer Bestand hat, es sei denn, der Diensteanbieter hat das Scheitern zu vertreten. Scheitert die Registrierung des gewünschten Domainnamens, werden beide Vertragspartner von den weiteren Leistungspflichten aus diesem Vertrag in Bezug auf die Betreuung frei.

6. Im Falle einer erfolgreichen Anmeldung informiert der Diensteanbieter den Kunden unverzüglich und überlässt ihm alle für die der Domainnutzung zugrundeliegenden Vertragsbeziehung zur DENIC eG erforderlichen Informationen.

DED.3. Pflichten des Kunden

Der Kunde gibt rechtzeitig alle notwendigen Erklärungen ab, die für die Registrierung, Löschung oder Übertragung erforderlich sind und von dem Diensteanbieter verlangt werden dürfen und teilt Änderungen dem Diensteanbieter unverzüglich schriftlich mit. Er gibt im Leistungsschein eine natürliche Person an, die als Ansprechpartner für rechtliche und administrative Probleme vertretungsberechtigt und zustellungsbevollmächtigt ist (admin-c) und informiert den Diensteanbieter unverzüglich schriftlich über Änderungen.

DED.4. Vergütungs- und Zahlungsbedingungen

1. Die Preise für die Anmeldung und Betreuung des Domainnamens ergeben sich aus dem Leistungsschein. Die Vergütung für die Betreuung umfasst auch die jeweils jährlich im Voraus zu leistende Verlängerungsgebühr, die die DENIC eG erhebt.

2. In Bezug auf die Anmeldegebühr ist der Kunde vorleistungspflichtig. Die Weiterleitung der Anmeldung an die DENIC eG erfolgt, sobald Zahlungseingang vorliegt. Die Betreuungsgebühr ist, soweit im Leistungsschein nichts anderes vereinbart ist, jährlich im Voraus nach Erhalt der Rechnung zu zahlen und wird erstmals nach erfolgreicher Anmeldung fällig.

DED.5. Kündigungsfolgen

Der Diensteanbieter wird mit Beendigung des Vertrages der DENIC eG mitteilen, dass er die Domain nicht mehr verwaltet und alle Maßnahmen treffen, damit die Domain in die Verwaltung eines vom Kunden benannten Providers oder der DENIC eG übergehen kann.

Anlage DNS: Domain-Name-Service

DNS.1. Leistungsbeschreibung

1. Der Diensteanbieter betreibt für die zu den Domainnamen seines Kunden gehörenden Zonen Domain-Name-Server, die aus dem Internet eingehende Anfragen autoritativ beantworten können und die somit dafür geeignet sind, Ziel von Zonendelegationen zu sein.
2. Der Leistungsschein regelt, an welche Nameserver des Diensteanbieters die betreffenden Zonen delegiert werden müssen und auf welche Art und Weise der Zugriff auf die dort hinterlegten Resource Records möglich ist.

DNS.2. Leistungsabgrenzung

Die Verantwortung des Diensteanbieters umfasst das unter seiner Kontrolle stehende Netz und die Administration des DNS-Servers. Für die Verbindung von den Rechnern des Kunden und der Nutzer bis zum DNS-Server ist der Diensteanbieter nicht verantwortlich und übernimmt für die Übertragung der Daten im Internet keine Gewähr.

DNS.3. Pflichten des Kunden

1. Der Kunde wird die in seiner Zone einzutragenden Resource Records im Rahmen der technischen Vorgaben des Diensteanbieters selbst eintragen. Die dafür verfügbaren Techniken ergeben sich aus dem Leistungsschein.
2. Wenn die DNS-Server des Diensteanbieters die zu veröffentlichenden Daten per Zonentransfer von fremden, nicht unter der Kontrolle des Diensteanbieters stehenden DNS-Servern erhalten müssen, ist der Kunde dafür verantwortlich, dass dieser Abruf sowohl von den DNS-Servern des Diensteanbieters als auch für Test- und Redundanzzwecke von anderen vom Diensteanbieter veröffentlichten Systemen möglich ist.
3. Im Falle von vom Kunden gewünschten Veränderungen an den Zonendaten wird sich der Kunde vorab über die eingestellten Speicherzeiten für die betreffenden Daten informieren und den Diensteanbieter – soweit bei der gewählten Art der Diensterbringung Eingriffe des Diensteanbieters notwendig sind – rechtzeitig vor dem gewünschten Wirksamkeitszeitpunkt über die notwendige Veränderung in Kenntnis setzen.

Leistungsscheine

Auf Darstellung der einzelnen Leistungsscheine muss hier aus Platzgründen verzichtet werden. Checklisten für den erforderlichen Inhalt der Leistungsscheine sind unter http://www.bartsch-partner.de veröffentlicht. Bestandteil eines Leistungsscheines können sogenannte Service-Level-Agreements sein. Die ordnungsgemäße Erbringung von bestimmten, für den Kunden wichtigen Leistungen soll damit, meist mit Festlegung von Sanktionen, abgesichert werden. Typischerweise steht dabei die Aufrechterhaltung des Dienstes im Vordergrund: Welche Leistungen werden wie schnell vom Diensteanbieter im Falle einer Störung erbracht und welche Sanktionen sollen dem Diensteanbieter bei Nichteinhaltung der „Levels" drohen? Die Aufnahme eines vollständigen Service Level Agreements in den Mustervertrag würde den Umfang dieser Veröffentlichung sprengen. Auch dazu ist unter der oben genannten Adresse eine Checkliste abrufbar.

Erläuterungen zum Internet-Dienste-Vertrag

Rahmenvertrag

Zu § 1 Abs. 1–3: In diesem Mustervertrag sind typische Leistungen von Internet-Diensteanbietern dargestellt, die benötigt werden, um das Internet nutzen zu können. Die Leistungsbereiche sind in § 1 Abs. 1 aufgeführt und in den jeweiligen Anlagen und Leistungsscheinen sowie in den Erläuterungen zu den einzelnen Anlagen beschrieben. Die exakte und klare Beschreibung der zu erbringenden Leistungen ist von hoher Bedeutung, da dadurch nicht nur die rechtliche Beurteilung der Leistung erleichtert wird, sondern der Anbieter auch seinen Verantwortungsbereich und damit seinen Haftungsrahmen festlegen kann.

Vertragsstruktur

Aufgrund der rechtlich und inhaltlich unterschiedlichen Anforderungen an die jeweiligen Leistungen ist der vorgestellte Mustervertrag in mehrere Vertragsbestandteile aufgeteilt:

- Ein Rahmenvertrag, der die für die Gesamtheit der Leistungen geltenden allgemeinen Regeln beinhaltet;
- Anlagen zu dem Rahmenvertrag, die die einzelnen Leistungen inhaltlich beschreiben und die sie betreffenden Besonderheiten darstellen;
- Leistungsscheine für jede beauftragte Leistung. Der Leistungsschein soll eine detaillierte Darstellung der Leistung sowie den eigentlichen „Auftrag" des Kunden enthalten (vgl. Checklisten unter http://www.bartsch-partner.de/br/texte/idv_checklisten.de.html).

Mit dieser Gestaltungsweise bleibt der Diensteanbieter (im Folgenden DA genannt) flexibel. Wünscht der Kunde beispielsweise lediglich eine Internet-Anbindung für seine Büroräume und das Hosting einer Webpräsenz, dann wird der DA lediglich die hierfür vorgesehenen Anlagen und Leistungsscheine zum Vertraggegenstand machen. Ein weiterer Vorteil dieser Vertragsstruktur ist, dass bei Entstehen neuer Anforderungen und bei Vereinbarung weiterer Leistung – auf der Basis des Rahmenvertrages lediglich ein Zusatzvertrag in Form eines weiteren Leistungsscheines gegebenenfalls mit einer weiteren Anlage vereinbart werden muss.

Vertragstyp

Aufgrund der Unterschiedlichkeit der im Rahmen eines Internet-Diensteanbieter-Vertrages angebotenen Leistungen kann ein solcher Vertrag als Ganzes keinem Vertragstyp des Bürgerlichen Gesetzbuches (z. B. Kauf, Miete, Werkvertrag) zugeordnet werden. Ein Internet-Diensteanbieter-Vertrag beinhaltet regelmäßig (sofern nicht nur eine bestimmte Leistung Gegenstand ist) ein Leistungsbündel, dessen einzelne Elemente i. d. R. verschiedenen Vertragstypen zugeordnet werden. Während z. B. das Hosting des Web-Auftritts des Kunden den Charakter eines Mietvertrages hat, da die Überlassung von Speicherplatz auf dem Server für eine bestimmte Zeitdauer Gegenstand des Vertrages ist, ist die Gewährung eines Internet-Access eher dienst- oder werkvertraglich einzuordnen. Die rechtliche Einordnung der Leistungen, die vor allem für die Bestimmung der Rechtsfolgen bei Leistungsstörungen erforderlich ist, erfolgt dabei nicht einheitlich für den gesamten Vertrag. Vielmehr wird jede einzelne Leistung nach den gesetzlichen Regelungen beurteilt, die für den Vertragstyp gelten, dem die jeweils betroffene Leistung unterfällt. Den vorliegenden Internet-Dienst-Vertrag kann man als Ganzes als sog. Typenkombinationsvertrag begreifen, da die einzelnen Leistungen auch technisch getrennt beauftragt und realisiert werden können. Für jede Leistung bestimmt sich der rechtliche Rahmen nach den für diese Leistung geltenden gesetzlichen Vertragsvorschriften. Dass dabei einzelne Leistungen einander bedingen (z. B. das Hosting erfordert einen Internetanschluss) und somit im Falle der Störung der Leistung „Internet-Access“ auch die Leistung „Webhosting“ gestört ist, führt nicht dazu, dass von einem Typenverschmelzungsvertrag ausgegangen werden kann, bei dem die Leistungen untrennbar voneinander sind und der Vertrag deshalb rechtlich einheitlich beurteilt wird (vgl. Schneider, Verträge über Internet-Access 2001, S. 219 f).

Zu § 1 Abs. 4: Das Vertragsmuster zielt auf die Gestaltung der Vertragsbeziehung zwischen dem DA und einem unternehmerischen Kunden, also einer Person, die bei Abschluss des Vertrages in Ausübung ihrer gewerblichen oder selbständigen beruflichen Tätigkeit handelt (§ 14 BGB). Bei einem Internet-Diensteanbieter-Vertrag handelt es sich um Allgemeine Geschäftsbedingungen, wenn die vertraglichen Regelungen für eine Vielzahl von Verträgen vorformuliert sind, also die einzelnen Klauseln nicht mit dem Vertragspartner ausgehandelt werden (vgl. § 305 Abs. 1 BGB). Allgemeine Geschäftsbedingungen unterliegen einer besonderen gesetzlichen Inhaltskontrolle (§§ 305 ff BGB), die bei Verwendung gegenüber Verbrauchern (§ 13 BGB) im Hinblick auf die Wirksamkeit einzelner Vertragsklauseln wesentlich strengere Maßstäbe anlegt als bei Verträgen mit Unternehmern. Die Klausel in § 1 Abs. 4 soll verhindern, dass ein Gericht eine Vertragsbestimmung in einem Rechtsstreit deswegen für unwirksam erachtet, weil sie nach den strengeren Maßstäben für Allgemeine Geschäftsbedingungen im Geschäftsverkehr mit Verbrauchern unwirksam wäre und der Vertrag nicht eindeutig klarstellt, dass die Vertragsbedingungen nicht für Verbraucher gelten.

Zu § 3: Das Muster beschreibt die Verfügbarkeit der Dienste „rund um die Uhr“ abzüglich der Zeiten für planbare Wartungsarbeiten und solcher Ausfälle, die der DA nicht zu vertreten hat. Bei solchen umfassenden Verfügbarkeitszusagen ist es wichtig, konkret zu beschreiben, in welchen Fällen oder

Zeiträumen die Leistung nicht zur Verfügung steht. Der BGH hat im „Postbankurteil" (BGH XI ZR 138/00, K&R 2001 217 f) festgestellt, dass die Klausel in den AGB eines Kreditinstitutes, nach der aus „technischen und betrieblichen Gründen" „zeitweilige Beschränkungen" des Zugangs zum Onlineservice möglich sind, unwirksam ist, da dies zu einem Haftungssauschluss des Institutes auch bei grobem Verschulden führe (§ 309 Ziff. 7 b BGB). Das Kreditinstitut hatte versäumt, die Ausfallzeiten konkret und abschließend im Sinne einer sogenannten positiven Leistungsbeschreibung festzulegen. Solche positiven Leistungsbeschreibungen, deren Inhalt keine Abweichungen von Rechtsvorschriften enthalten, sondern nur Art, Umfang und Güte der geschuldeten Leistung festlegen, unterliegen der inhaltlichen Kontrolle durch das Gesetz nur insoweit, als sie transparent (klar und verständlich) sein müssen (vgl. § 307 Abs. 1, Abs. 3 S. 2 BGB).

Da sich die Dienste unterscheiden, kann statt der gewählten Formulierung die konkrete Verfügbarkeit jeweils individuell für jeden Dienst festgelegt werden. In der Regel werden dem Kunden zu unterschiedlichen Preisen verschiedene Verfügbarkeiten angeboten. Ist eine bestimmte Verfügbarkeit (z. B. 98,5 % im Monat) vereinbart, ist die Aufrechterhaltung dieser Verfügbarkeit und damit auch die Störungsbeseitigung als Hauptleistungspflicht einzuordnen. Nur wenn die Verfügbarkeit des Dienstes unter dem vereinbarten Level liegt, kann vertraglich eine Leistungsstörung gegeben sein. Ausfälle, die die Verfügbarkeit nicht beeinträchtigten, stellen keine Leistungsstörung dar. Das für positive Leistungsbeschreibungen geltende Transparenzgebot erfordert für Verfügbarkeitsklauseln, dass die Berechnungsparameter und ein (kurzer) Bezugszeitraum (maximal ein Kalendermonat) festgelegt werden (z. B. „Der Diensteanbieter gewährt eine Verfügbarkeit des Dienstes von 98,5 % pro Kalendermonat abzüglich der vereinbarten Wartungszeit sowie abzüglich solcher Ausfallzeiten, die der DA nicht zu vertreten hat"). Die im Muster gewählte Verfügbarkeitsregelung hat den Vorteil, dass damit grundsätzlich eine Haftung des DA bei allen Leistungsstörungen besteht, die er zu vertreten hat. Bei prozentualen Verfügbarkeitszusagen kann es dagegen zu sanktionslosen Ausfällen auch bei Verschulden des DA kommen.

Von einer positiven Leistungsbeschreibung abzugrenzen sind Klauseln, die die geschuldete Leistung nachträglich einschränken, ausgestalten oder modifizieren. Wird z. B. die versprochene Leistung (z. B. 24 Stunden an sieben Tagen/Woche) unter den Vorbehalt „der technischen und organisatorischen Möglichkeiten des Internets" gestellt, wird hierdurch die grundsätzlich rund um die Uhr geschuldete Leistung nicht berechenbar eingeschränkt. Ein solcher Änderungsvorbehalt ist gem. § 308 Ziff. 4 BGB jedoch nur dann zulässig, wenn die Änderung, d. h. die Abweichung von der versprochenen Leistung, für den Nutzer zumutbar ist. Bei dem „Vorbehalt der technischen und organisatorischen Möglichkeit" ist dies nicht der Fall, da die an sich versprochene Leistung theoretisch vollständig ausfallen könnte. Folge einer unwirksamen Vertragsklausel ist gem. § 306 BGB die Geltung des Gesetzes. Ist eine Leistung bestimmt, aber qualitativ oder quantitativ nicht (oder unwirksam) definiert, wird eine Leistung „mittlerer Art und Güte“ (§ 243 Abs. 1 BGB) geschuldet, mit der der vereinbarte Vertragszweck erreichbar ist. Maßgeblichen Einfluss auf die Bestimmung der Leistung hat der hierfür vereinbarte Preis. Die Abgrenzung von Formulierungen, die eine lediglich dem Transparenzgebot unterliegende, Leistungsbeschreibung enthalten, von solchen, die die versprochene Leistung nachträglich einschränken, ist im Einzelfall jedoch oft schwierig (vgl. Spindler, a.a.O., Teil IV, RN 100 ff).

Zu § 4: Ausführliche Vertragsmuster und Kommentierungen für Softwareüberlassungsverträge finden sich in Groß, Heidelberger Musterverträge, Computerprogramm-Lizenzvertrag; Bartsch, Beck'sches Formularbuch des Bürgerlichen-, Handels- und Wirtschaftsrecht, 8. Aufl. 2003, Kap. H., EDV-Recht; Vogel, Formularbuch Vertragsrecht, Hrsg. Schulte-Nölke, Frenz, Flohr, ZAP-Verlag für die Rechts- und Anwaltspraxis, Teil 11 EDV-Recht.

Zu § 5 Abs. 2: Es empfiehlt sich, die Mess-, Berechnungs- und Nachweismethoden mit dem Kunden zu vereinbaren. Das OLG Düsseldorf hat in seinem Urteil vom 26.02.2003 (MMR 2003, 474) entschieden, dass die Grundsätze des Anscheinsbeweises, die für den Bereich der Festnetztelefonie gelten, nicht auf die Abrechnung von Verträgen angewendet werden können, bei denen sich die Vergütung nach dem Maß des Datentransfervolumens (Traffic) richtet. Im zu entscheidenden Fall ging es um die Abrechnung von Datentransfervolumen im Rahmen eines Webhostingvertrages. Das bedeutet, dass eine hinreichende Vermutung für die richtige Abrechnung der Verbindungskosten nicht besteht und der Diensteanbieter im Streitfall volle Beweislast dafür trägt, dass das abgerechnete Datenvolumen auch tatsächlich erbracht wurde.

Zu § 5 Abs. 4: Preiserhöhungsklauseln sind bei langfristig vereinbarten Verträgen empfehlenswert, wenn auch rechtlich in AGB nicht unproblematisch. Während im Geschäftsverkehr mit Verbrauchern wegen der Angemessenheitskontrolle des § 307 BGB verlangt wird, dass das Erhöhungsmaß und die Gründe in der Änderungsklausel konkretisiert werden müssen und ein pauschaler Hinweis auf allgemeine Kostensteigerung nicht ausreicht, sind Preisänderungsvorbehalte gegenüber unternehmerischen Kunden einfacher durchzusetzen. Jedoch sollte man dem Kunden stets ein Lösungsrecht zubilligen. Als Alternative ist eine kurze Vertragsdauer empfehlenswert.

Zu § 5 Abs. 5: Der BGH hat in seinem Urteil vom 24.06.2004 (K&R 2004, 443) entschieden, dass die Nachweispflicht des Anbieters von Telekommunikationsleistungen (§ 16 TKV) für Einzelverbindungen erst nach Ablauf der in § 7 Abs. 2 TDSV (Telekommunikationsdiensteunternehmen-Datenschutzverordnung 2000) bestimmten Löschungsfrist endet, sofern der Kunde in der Rechnung auf diese Frist in drucktechnisch deutlich gestalteter Form hingewiesen wurde. Die Regeln der TDSV wurden nun in das neue Telekommunikationsgesetz aufgenommen (vgl. Erläuterungen zu § 15). Nach § 97 Abs. 3 TKG endet die Speicherfrist für abrechnungsrelevante Verkehrsdaten sechs Monate nach Versendung der Rechnung, es sei denn, der Teilnehmer hat gegen die Höhe der in Rechnung gestellten Verbindungsentgelte Einwendungen. In diesem Fall dürfen die Daten bis zur abschließenden Klärung der Einwendungen gespeichert werden.

Zu § 6 Abs. 1: Leistungsbefreiungsvorbehalte in Allgemeinen Geschäftsbedingungen sind grundsätzlich unwirksam (§ 308 Nr. 3 BGB), wenn der Verwender das Recht hat, sich ohne sachlich gerechtfertigten und im Vertrag angegebenen Grund von seiner Leistungspflicht zu lösen. Dies gilt nicht für Dauerschuldverhältnisse, die bei Verträgen vorliegender Art in der Regel gegeben sind. Ob eine solche Klausel bei einem Dauerschuldverhältnis wirksam ist, hängt davon ab, ob der Kunde dadurch entgegen den Geboten von Treu und Glauben unangemessen benachteiligt wird. Unwirksam ist eine Klausel gem. § 307 Abs. 2 BGB im Zweifel dann, wenn durch den Leistungsvorbehalt von wesentlichen Grundgedanken der gesetzlichen Regelung abgewichen wird oder eine Einschränkung wesentlicher Rechte und Pflichten die Folge wäre, die die Erreichung des Vertragszwecks gefährden würde. Die hier behandelten Leistungen lassen sich zwar nicht mit Sicherheit gesetzlichen Vertragstypen zuordnen, dennoch können je nach Ausgestaltung des Leistungsangebots und nach der Natur des betreffenden Dienstes die Interessen des Vertragspartners anhand des Vertragszwecks beurteilt werden. Einschränkungen von Leistungen, die lediglich Komfortcharakter haben oder die unentgeltlich erbracht werden, sind weniger kritisch zu beurteilen als solche, die den Leistungskern betreffen. Im unternehmerischen Verkehr sind die kaufmännischen Gepflogenheiten zu berücksichtigen. Das Erfordernis der konkreten Angabe des Lösungsgrundes wird hier großzügiger gehandhabt als im Geschäftsverkehr mit Verbrauchern.

Zu § 6 Abs. 2: Da der DA Leistungen erbringt, die einer ständigen technischen Weiterentwicklung unterliegen und zu deren Erbringung er auch auf Leistungen Dritter (z.B. Netzdiensteanbieter) zugreifen muss, ist es sinnvoll, im Vertrag die Möglichkeit zu Leistungsänderungen vorzusehen. Ein Vorbehalt zur Änderung der vertraglich vereinbarten Leistung ist nach § 308 Nr. 4 BGB nur wirksam, wenn die Änderung unter Berücksichtigung der Interessen des Verwenders für den anderen Vertragsteil zumutbar ist. Dies gilt auch im unternehmerischen Geschäftsverkehr. Die Rechtsprechung beurteilt Vorbehalte in Allgemeinen Geschäftsbedingungen, die Leistungsänderungen zu Lasten des Kunden zulassen, zu Recht sehr kritisch, weil sie den Kunden weiterhin an einen Vertrag binden, den er so nicht abgeschlossen hat und ihn deshalb stärker belasten können als sogenannte Befreiungs- oder Rücktrittsvorbehalte. Grundsätzlich muss der Verwender ein erhebliches Interesse darlegen, um die versprochene Leistung ändern zu dürfen. Dieses Interesse ist nur beachtlich, wenn die Änderung oder Abweichung für einen vertragstreuen Leistungsschuldner im Hinblick auf die Besonderheit des Leistungsgegenstandes oder im Hinblick auf sonstige Umstände unvermeidlich ist oder den Vertragspartner besserstellt (Brandner in: Ulmer/Brandner/Hensen, AGBG, 9. Aufl. 2001,

§ 10 Nr. 4 RN 9). Dennoch darf der Kunde nicht übermäßig beschwert werden. Wichtig für die Klauselgestaltung ist es, den Änderungsvorbehalt möglichst genau zu konkretisieren und auf ein für den Vertragspartner zumutbares Maß zu begrenzen. Als Alternative bleibt die ordentliche Kündigung durch den DA.

Zu § 6 Abs. 3: In engen Grenzen lässt sich die Akzeptanz von Änderungsvorbehalten dadurch erhöhen, dass dem Kunden ein korrespondierendes Recht zur Auflösung des Vertrages bei Ausübung des Änderungsvorbehalts eingeräumt wird.

Zu §§ 7, 8: Diese Vertragsregeln sollen die Verantwortlichkeit des Kunden für von ihm eingebrachte Inhalte im Innenverhältnis zum DA festlegen. Im Außenverhältnis, d. h. im Verhältnis zwischen dem DA und einem Internetnutzer läuft diese Verantwortungszuordnung natürlich leer. Grundsätzlich haftet der Anbieter eigener Informationen/Inhalte für daraus entstehende Schäden. Der Kunde, der auf seiner Homepage Werbeaussagen trifft, die das Markenrecht eines Dritten verletzen, haftet diesem gegenüber unmittelbar gem. §§ 14, 15 MarkenG. Derjenige, der im Internet Inhalte präsentiert, darf seine Haftung für eigenen Inhalt nicht ausschließen, eine solche Klausel ist gem. § 309 Nr. 7 lit. b BGB nichtig. Dies gilt gemäß §§ 307, 310 Abs. 1 BGB grundsätzlich auch im Verkehr zwischen Unternehmern. Der DA, der keine eigenen, sondern Inhalte seiner Kunden transportiert oder hierfür Speicherplatz auf seinem System zur Verfügung stellt, ist jedoch für den Geschädigten häufig leichter ermittelbar und möglicherweise auch solventer als der Verletzer. Ansatzpunkt für seine Haftung ist, dass grundsätzlich jeder, der – auch ohne Verschulden – willentlich und adäquat kausal an der Herbeiführung oder Aufrechterhaltung einer rechtswidrigen Beeinträchtigung mitwirkt, als Störer (gem. §§ 1004, 823 BGB analog) auf Unterlassung und Beseitigung in Anspruch genommen werden kann. Ausreichend ist die Unterstützung eines die Rechtsverletzung begehenden Dritten, sofern der Gehilfe die rechtliche Möglichkeit zur Verhinderung dieser Handlung hatte. Die Störerhaftung eines solchen Gehilfen, der nicht unmittelbar rechtsverletzend gehandelt hat, setzt jedoch die Verletzung einer dem Gehilfen obliegenden Prüfpflicht voraus. Der Umfang der Prüfungspflicht bestimmt sich danach, ob und inwieweit dem als Störer in Anspruch Genommenen eine Prüfung zuzumuten ist. Grundsätzlich wird dem Gehilfen nur eine Prüfung auf offenkundige, aus seiner Sicht eindeutige Rechtsverstöße zumutbar sein (ständige Rechtsprechung, zuletzt BGH, K&R 2001, 588, „ambiente.de“, vgl. Erläuterungen zu Anlage DED 2 Abs. 3).

Das OLG Karlsruhe hat in einem Urteil vom 08.05.2002 (CR 2002, 751 f.) festgestellt, dass die Störerhaftung eines Access-Providers für die missbräuchliche Verwendung eines Faxanschlusses zu wettbewerbswidrigen Zwecken durch seinen Kunden nicht gegeben ist, weil der Provider weder die tatsächliche, noch die rechtliche Möglichkeit der Einflussnahme auf die Nutzung des zur Verfügung gestellten Faxanschlusses hatte.

Vor dem Hintergrund, dass die im Internet transportierten Daten kaum kontrollierbar sind, wurde vorrangig mit dem Ziel der Regelung der Verantwortlichkeit (im Sinne einer Haftungsprivilegierung) von Informations- und Kommunikationsdiensteanbietern im Rahmen des Informations- und Kommunikationsdienstegesetzes (IuKDG) zum 01.08.1997 das Teledienstegesetz (TDG) erlassen, das im Rahmen des Gesetzes über den elektronischen Geschäftsverkehr am 14.12.2001 überarbeitet wurde. Von dem TDG erfasst werden „Teledienste". Das sind gem. § 2 Abs. 1 TDG Informations- und Kommunikationsdienste, die für eine individuelle Nutzung bestimmt sind und denen die Übertragung mittels Telekommunikation zugrunde liegt. Beispiele werden in § 2 Abs. 2 TDG genannt. Angebote zur Nutzung des Internets sowie für den Datenaustausch sind ebenso Teledienste wie Angebote von Waren und Dienstleistung in elektronisch abrufbaren Datenbanken mit interaktivem Zugriff und unmittelbarer Bestellmöglichkeit (z. B. auch Internetauktionsplattformen).

Nach § 8 Abs. 1 TDG übernehmen eine uneingeschränkte Haftung diejenigen DA, die eigene Informationen bereithalten. Nach § 8 Abs. 2 TDG sind DA, die fremde Informationen für einen Nutzer lediglich durchleiten (z. B. Access), zwischenspeichern (Caching) oder speichern (Hosting), grundsätzlich nicht verpflichtet, die von ihnen übermittelten oder gespeicherten Informationen zu überwachen oder selbsttätig nach Umständen zu forschen, die auf eine rechtswidrige Tätigkeit ihrer Kunden hinweisen. Die Voraussetzungen für die Haftungsprivilegierung dieser DA ergeben sich aus §§ 9–11 TDG. Zu beachten ist, dass §§ 8 ff TDG keine eigenständige Haftung begründen, sondern als Zurechnungsnorm bzw. anspruchsbegründendes Merkmal (so BGH NJW 2000, 3746 f.) erst dann zur Anwendung gelangen, wenn nach allgemeinen Gesetzen (z. B. gem. §§ 823, 1004 BGB analog, § 3 UWG) eine Haftung des DA gegeben ist. Sind die Voraussetzungen von § 9 Abs. 2 oder § 10 TDG erfüllt, entfällt eine nach allgemeinen Gesetzen vorgesehene Haftung. Diese Haftungsbeschränkung für DA wird jedoch andererseits insofern wieder begrenzt, als die Verpflichtung des DA zur Entfernung oder Sperrung einer rechtswidrigen Information bestehen bleibt. Gemäß § 9 TDG sind DA für fremde Informationen, zu denen sie den Zugang zur Nutzung vermitteln oder die sie in einem Kommunikationsnetz vermitteln nicht verantwortlich, sofern sie die Übermittlung nicht veranlasst haben und weder den Adressaten der übermittelten Information noch die übermittelte Information selbst ausgewählt haben oder letztere verändert haben. Von dieser Haftungsfreistellung umfasst sind auch solche Zugangsvermittler, die Informationen kurzzeitig zwischenspeichern soweit dies zur Durchführung der Übermittlung im Kommunikationsnetz geschieht und die Informationen nicht länger gespeichert sind als für die Übermittlung üblicherweise erforderlich ist (§ 9 Abs. 2 TDG). Nach § 10 TDG sind DA für eine automatische, zeitlich begrenzte Zwischenspeicherung (Caching), die allein dem Zweck dient, die Übermittlung der fremden Informationen an andere Nutzer auf deren Anfrage effizienter zu gestalten, von der Haftung für diese Informationen befreit. Voraussetzung ist unter anderem jedoch, dass bestimmte technische Regeln eingehalten werden und der Zugang unverzüglich gesperrt oder die Informationen entfernt werden, sobald der DA Kenntnis davon erhalten hat, dass die Information am ursprünglichen Ausgangsort der Übertragung aus dem Netz entfernt, der Zugang zu ihr gesperrt wurde oder ein Gericht oder eine Verwaltungsbehörde die Entfernung der Sperrung angeordnet hat. Im Falle der Speicherung von fremden Informationen – dem sogenannten Hosting – ist der DA gem. § 11 TDG dann für die Inhalte nicht verantwortlich, wenn er keine Kenntnis von der rechtswidrigen Handlung oder Information hat und ihm keine Tatsachen oder Umstände bekannt sind, aus denen die Rechtswidrigkeit offensichtlich wird und der DA unverzüglich tätig geworden ist, um die Information zu entfernen oder den Zugang zu ihr zu sperren, sobald er diese Kenntnis erlangt hat. Kommt der Anbieter dieser Pflicht zur Sperrung trotz Kenntnis von der Rechtswidrigkeit nicht nach, kann er von dem durch den rechtswidrigen Inhalt in seinen Rechten verletzten Dritten auf Unterlassung, Beseitigung der Störung und bei Verschulden auf Schadensersatz in Anspruch genommen werden. Nach der Ricardo/Rolex-Entscheidung des BGH vom 11.03.2004 (K&R 2004, 486) ist der DA (hier ein Internet-Auktionshaus) verpflichtet, ein rechtswidriges Angebot (hier markenrechtsverletzend) unverzüglich zu sperren, sobald er Kenntnis von der Rechtswidrigkeit erlangt. Darüber hinaus ist – so der BGH – der DA verpflichtet, technisch mögliche und zumutbare Maßnahmen zu ergreifen, um Vorsorge dafür zu treffen, dass es nicht zu „weiteren entsprechenden Markenverletzungen kommt". Damit solle zwar nicht eine persönliche Prüfpflicht für jedes Internetangebot verbunden sein, jedoch solle der DA technische, softwaregestützte Filterverfahren einrichten, um entsprechende Verdachtsfälle aufzudecken. Ob dieses Urteil des BGH dem Geist der gewollten Haftungsprivilegierungen entspricht, ist fraglich.

Für Mediendienste, das sind redaktionell aufbereitete Informations- und Kommunikationsdienste, deren Angebot und Nutzung an die Allgemeinheit gerichtet ist, ist die Verantwortung der Diensteanbieter inhaltsgleich zum TDG in §§ 6 ff des von den Ländern erlassenen Mediendienstestaatsvertrags geregelt. Die im TDG/MDStV enthaltene Haftungsbeschränkung für DA hat zunächst wesentliche Bedeutung für seine Haftung gegenüber Dritten und die strafrechtliche Haftung. Die vertragliche Haftung richtet sich demgegenüber in erster Linie danach, ob der Anbieter die vertraglich übernommenen Pflichten erfüllt hat. Dabei kann der Anbieter vertraglich Pflichten übernehmen, die über die Pflichten des TDG/MDStV hinausgehen. Die bisherigen Regelungen im TDG und MDStV sowie des Teledienstedatenschutzgesetzes (TDDSG) sollen zukünftig in dem Telemediengesetz (TMG) in den §§ 8ff. zusammengefasst werden. Das TMG liegt bisher nur als Referentenentwurf vor.

Zu § 8 Abs. 4: Der Kunde kann nur für diejenigen Schäden (z. B. Nutzungsentgelte, die der DA mangels Veranlassung der Nutzung durch den Kunden nicht erhält) aufgrund missbräuchlicher Nutzung des Dienstes durch Dritte haftbar gemacht werden, die durch Umstände in seiner Risikosphäre entstehen, die er also zu vertreten hat (z. B. ungenügende Geheimhaltung von Zugangsdaten,

Offenhalten eines bekannten Sicherheitslochs in seinen Systemen). Eine Klausel, die dem Nutzer die Haftung für sämtliche durch Missbrauch entstandenen Schäden aufbürdet, also auch für Umstände, die in die Risikosphäre des DA fallen (z.B. Missbrauch durch dessen Mitarbeiter) oder die der Risikosphäre keines Vertragspartners zugerechnet werden können (z.B. Eingriff durch Hacker außerhalb des vom Anbieter kontrollierbaren Systems), ist unwirksam (vgl. Spindler, a.a.O., Teil IV, RN 256 ff).

Zu § 8 Abs. 5: Ein Ziel dieser Klausel ist es, die Verantwortlichkeit des Kunden in Bezug auf die Nutzung der Dienste zu beschreiben, um damit Regress- und Kündigungsmöglichkeiten für den DA zu eröffnen. Darüber hinaus muss das technische System des DA geschützt werden. Zu beachten ist, dass auf diesem Weg dem Kunden keine Pflichten auferlegt werden dürfen, die diesen unangemessen benachteiligen, ansonsten droht die Unwirksamkeit der Klausel gemäß § 307 BGB.

Zu § 9: Da der DA für Inhalte seiner Kunden in die Gefahr der Haftung geraten und nach § 8 Abs. 2 TDG zur Sperrung der Information nach allgemeinen Gesetzen verpflichtet sein kann, sollte er die Voraussetzungen für Zugangssperren vertraglich regeln. Soweit die Rechtswidrigkeit feststeht oder soweit gerichtliche oder behördliche Verfügungen vorliegen, sieht das Muster ein sofortiges Sperrungsrecht vor. Bei hinreichendem Verdacht soll der Kunde jedenfalls die Möglichkeit zur vorherigen Stellungnahme erhalten. Die Sperrung bzw. Einstellung der dauerhaft erbrachten Dienste ist als Ausprägung des Zurückbehaltungs- oder Leistungsverweigerungsrechts gem. § 273 BGB (§ 320 BGB bei Zahlungsverzug) zulässig. Erbringt der DA „Zugänge zu festen öffentlichen Telekommunikationsnetzen" muss gem. § 19 TKV (zukünftig § 45k TKG) für eine zulässige Sperre Zahlungsverzug mit mindestens EUR 75,00 gegeben sein. Ob der DA Vergütung auch für die Sperrzeit verlangen darf, ist streitig. Dafür spricht, dass das vertragswidrige Verhalten die weitere Leistung des DA rechtlich unmöglich macht. Nach § 326 Abs. 2 BGB bleibt der Vergütungsanspruch bestehen (a. A. Spindler, a.a.O., Teil IV, RN 292), höchstens jedoch bis zum nächsten ordentlichen Kündigungstermin.

Zu § 9 Abs. 5: Der Freistellungsanspruch ergibt sich aus § 249 BGB. Der aus der Naturalrestitution resultierende Wiederherstellungsanspruch geht auf Schuldbefreiung, wenn der Schaden in der Belastung des DA mit einer Verbindlichkeit (nämlich dem Schadensersatzanspruch des durch die Inhalte verletzten Dritten) besteht.

Zu § 10: Da der Rahmenvertrag ein ganzes Bündel von Leistungen umfasst, ist eine einheitliche rechtliche Beurteilung der Gesamtleistung nicht möglich. Das Leistungsstörungsrecht beurteilt sich danach, welchem Vertragstyp die jeweilige von der Störung betroffene Leistung unterfällt (vgl. Erläuterungen zu den jeweiligen Anlagen). Der Rahmenvertrag beinhaltet die Rechtslage bei Leistungsstörungen insgesamt. Dies ist aufgrund der Vertragsfreiheit in den Grenzen von §§ 305 ff, 444, 536d BGB möglich.

Zu § 10 Abs. 1: Der Ausschluss der Gewährleistung für unerhebliche Mängel ist im Mietrecht gesetzlich vorgesehen (§ 536 Abs. 1 S. 3 BGB) und kann im unternehmerischen Geschäftsverkehr auch für den kauf- und werkvertragsrechtlichen Bereich vereinbart werden.

Zu § 10 Abs. 2: Die Verpflichtung des DA zur „Entstörung" ergibt sich für Telekommunikationsdienste aus § 6 des Entwurfes der Telekommunikations-Kundenschutzverordnung (TKV-E 2004). In der bestehenden TKV sowie diese zukünftig ersetzende Regel in § 45b TKG besteht diese Entstörungspflicht lediglich für die Sprachtelefonie. Die Verpflichtung des Kunden, Mängel anzuzeigen, entspricht im Übrigen der handelsrechtlichen Untersuchungs- und Rügepflicht gemäß § 377 HGB, die im kaufmännischen Verkehr auch für Werk- und Dienstverträge vereinbart werden kann, sowie der mietrechtlichen Vorschrift des § 536 Abs. 1 BGB. Danach ist der Mieter (also hier der Kunde) verpflichtet, Mängel und der Mietsache drohende Gefahren unverzüglich anzuzeigen. Unterlässt er dies, muss er dem Vermieter den hieraus entstehenden Schaden ersetzen. Kann dieser wegen der fehlenden Anzeige keine Abhilfe schaffen, verliert der Mieter sein Recht zur Minderung, zum Schadensersatz sowie zur fristlosen Kündigung (§ 536c Abs. 2 BGB).

Zu § 10 Abs. 3: Da es sich hier um Leistungen handelt, die dauerhaft erbracht werden müssen, ist der DA während der Vertragslaufzeit verpflichtet, Störungen der Abrufbarkeit und Nutzbarkeit der Dienste (vergleichbar dem Mietmangel) zu beseitigen. Die Pflichten des Anbieters können in einem Service-Level-Agreement konkretisiert werden, in dem z.B. differenzierte Eskalationsprozeduren und unterschiedliche Reaktionszeiten je nach Art und Umfang der Störung festgelegt werden. Allerdings darf durch den Inhalt des Service Level Agreement die gesetzliche Pflicht des Anbieters zur Mängelbeseitigung und Aufrechterhaltung der Nutzbarkeit der Dienste nur ausgestaltet, nicht aber unzulässig eingeschränkt werden. Die Festlegung einer Störungsbehebungsfrist ist je nach Bedeutung des Dienstes für den Kunden notwendig, für den DA problematisch, da er ohne weitere Mahnung in Verzug gerät, wenn die Störung innerhalb der Frist nicht behoben ist und er dies zu vertreten hat.

Zu § 10 Abs. 5: Im Mietrecht wird für die Zeit der Störung (also des Vorliegens eines Mangels) der Mietzins automatisch gemindert (vgl. § 536 BGB). In der vorliegenden Klausel wird das Minderungsrecht vom Erreichen einer bestimmten zeitlichen Schwelle abhängig gemacht. Soweit der Mangel vom Vermieter nicht arglistig verschwiegen wurde, ist diese Beschränkung des Minderungsrechtes gemäß § 536d BGB zulässig. Der Mieter kann darüber hinaus Schadensersatz verlangen, für bei Vertragsschluss vorliegende, ihm jedoch unbekannt gebliebene Mängel, sowie für solche Mängel, die nach Vertragsschluss aufgetreten sind, die der Vermieter zu vertreten hat oder wenn der Vermieter mit der Mangelbeseitigung in Verzug geraten ist (§ 536a BGB). Zulässig und zu empfehlen ist, die verschuldensunabhängige Haftung für anfängliche Mängel auszuschließen (vgl. § 11 Abs. 2 lit. c des Rahmenvertrages). Schlägt die Nacherfüllung fehl, steht dem Kunden aufgrund des Dauerschuldcharakters der Leistungen ein fristloses Kündigungsrecht zu. Das AG Charlottenburg hat in einem Web-Hosting Fall dem Kunden einen Schadensersatzanspruch zugebilligt, nachdem ein nicht vom Anbieter zu vertretender Totalausfall des gehosteten Kundenshops auch nach 1,5 Tagen nicht beseitigt war (vgl. AG Charlottenburg, CR 2002, 297). Unter Umständen kann Verzug mit der Mängelbeseitigung aber auch schon nach einer kürzeren Zeitspanne eintreten.

Im Werkvertragsrecht stehen dem Kunden bei Mängeln gemäß § 634 BGB zunächst Nacherfüllungsansprüche zu, daneben ein Minderungsrecht, im Falle von Verschulden Schadensersatzansprüche und bei Fehlschlagen des Nacherfüllungsanspruches ein Rücktritts- bzw. bei Dauerschuldverhältnissen ein Kündigungsrecht. Das Recht zur Selbstvornahme gemäß § 637 BGB wird in den vorliegenden Vertragsverhältnissen eher von untergeordneter Bedeutung sein. Das Dienstvertragsrecht sieht bei einer Leistungsstörung keinen Nacherfüllungsanspruch vor, sondern lediglich Schadensersatzansprüche sowie Kündigungsmöglichkeiten. Allerdings ist es zulässig, bei gestörten Dienstleistungen eine Nacherfüllungspflicht vertraglich zu vereinbaren.

Zu § 10 Abs. 6: Die Begrenzung der gesetzlichen Verjährungsfrist für Mängel auf ein Jahr ist in AGB für Werk- und Kaufverträge gemäß § 309 Nr. 8b ff BGB zulässig. Zu beachten ist jedoch auch hier der zwingende Einfluss der Regeln der Telekommunikations-Kundenschutzverordnung in § 8 TKV. Danach verjähren Ansprüche nach den Regeln des Bürgerlichen Gesetzbuches. Davon kann vertraglich nicht zu Ungunsten des Kunden abgewichen werden (§ 1 Abs. 2 TKV). Damit ist vertraglich klarzustellen, dass die Beschränkung der Gewährleistungsfrist nicht für Leistungen gilt, die der Telekommunikations-Kundenschutzverordnung unterfallen (vgl. Erläuterungen zu § 11 Abs. 1).

Zu § 11 Abs. 1: DA, die Telekommunikationsdienstleistungen für die Öffentlichkeit erbringen, also gewerblich Telekommunikation einschließlich Übertragungswege für beliebige Dritte im Sinne von § 3 Nr. 24 TKG anbieten (z. B. Internet-Access, E-Mail-Dienst; vgl. Erläuterungen zu Anlage IA 1 Abs. 2), kommen für Vermögensschäden, die bei der Erbringung von Telekommunikationsdienstleistungen entstehen, in den Genuss der in § 7 TKV enthaltenen Haftungsbeschränkung. Danach ist die Haftung des DA pro Nutzer und Schadensereignis begrenzt auf € 12.500,00. Nicht umfasst sind Folgeschäden aus Sach- und Personenschäden. Die Haftungsbeschränkung gilt unabhängig vom Rechtsgrund des Schadensersatzanspruches sowie im Falle der groben Fahrlässigkeit. Neben dem Schadensersatzanspruch aus § 44 TKG fallen auch vertragliche Ansprüche unter die Haftungsbeschränkung (Bosch in Trute/Spoerr/Bosch TKG § 41 RN 19). Für alle Schäden, die nicht Vermögensschäden sind, richtet sich die Haftung jedoch nach den allgemeinen gesetzlichen Bestimmungen. Für diese Fälle ist eine Haftungsbeschränkung nur im gesetzlich zulässigen Rahmen in Allgemeinen Geschäftsbedingungen möglich. Da die Anwendung der gesetzlichen Haftungsbeschränkung nach § 7 TKV für sonstige Leistungen der Kontrolle der §§ 307 ff BGB nicht Stand halten würde und damit unwirksam wäre, sollte der DA unbedingt darauf achten, getrennte

Haftungsregeln für Telekommunikationsdienstleistungen und sonstige Leistungen zu formulieren. Ob es – wie im Muster geschehen – ausreicht, lediglich auf die TKV (oder das TKG) zu verweisen, um die Haftungsbeschränkung zu erreichen, ist streitig (vgl. Spindler, a.a.O., Teil IV, RN 347). Aus Transparenzgründen solle der Gesetzestext in die AGB aufgenommen werden. Andererseits reicht in AGB der Hinweis aus, dass die Haftung nach dem Produkthaftungsgesetz unberührt bleibt (vgl. § 11 Abs. 3). Dieser Hinweis in AGB ist wirksam, ohne dass der Gesetzestext in den AGB wiedergegeben wird, obwohl auch das Produkthaftungsgesetz letztlich haftungsbeschränkende Haftungshöchstsummen vorsieht (vgl. hierzu Spindler, a.a.O., Teil IV, RN 367). Also sollte auch der Verweis auf die TKV ausreichend sein.

Da die TKV zukünftig Bestandteil des Telekommunikationsgesetzes sein wird, wird für die Haftungsbeschränkung § 44a TKG (E) maßgebend sein. Danach wird die Haftungsbegrenzung nicht mehr beschränkt auf Vermögensschäden, die bei der Erbringung von Telekommunikationsleistungen für die Öffentlichkeit verursacht wurden, sondern alle Vermögensschäden, die ein Anbieter von Telekommunikationsdienstleistungen für die Öffentlichkeit verursacht, soweit nicht Vorsatz vorliegt. Ausgenommen sind nur Schäden, die durch Zahlungsverzug mit der Schadensersatzzahlung entstehen.

Zu § 11 Abs. 2: Haftungsausschlüsse und -begrenzungen lässt die Rechtsprechung sowohl gegenüber Verbrauchern als auch gegenüber Unternehmern nur sehr eingeschränkt zu (vgl. Ulmer/Brandner/Hensen, AGB-Gesetz 9. Auflage 2001, § 9 RN 148 ff). Insbesondere für einfache Fahrlässigkeit kann die Haftung bei Verletzung wesentlicher Vertragspflichten weder gegenüber Verbrauchern noch gegenüber Unternehmern ausgeschlossen, sondern lediglich auf typische und vorhersehbare Schäden beschränkt werden. Die Festlegung eines Haftungshöchstbetrages ist nach der Rechtsprechung zulässig, sofern die Haftungshöchstsumme dem typischen Schadensrisiko angemessen ist. Dies ist im Einzelfall schwer festzulegen, so dass solche Haftungsbegrenzungsklauseln in Allgemeinen Geschäftsbedingungen mit dem Risiko der Unwirksamkeit belastet sind. Empfehlenswert ist es daher, mit dem Kunden eine Haftungsbeschränkung auszuhandeln, so dass die Klausel als individuelle Vereinbarung (§ 305 b BGB) nicht der Kontrolle der §§ 307 ff BGB unterfällt. An ein wirksames „Aushandeln" werden hohe Voraussetzungen gestellt. Der DA muss dies durch entsprechende schriftliche Aufzeichnungen und Gesprächsprotokolle beweisen können. Im unternehmerischen Verkehr kann die Haftung für Schäden wegen Nebenpflichtverletzungen durch einfache Fahrlässigkeit in AGB völlig ausgeschlossen werden.

Zu § 11 Abs. 2 lit. c: Der Haftungsausschluss bezieht sich auf die bereits bei Vertragsschluss bestehenden Mängel, für die der DA gem. § 536a BGB, soweit die jeweilige Leistung dem Mietrecht unterfällt (z.B. Hosting/Housing), ohne Verschulden haften würde. Ein entsprechender Haftungsausschluss in Allgemeinen Geschäftsbedingungen wurde zumindest nach der alten Rechtslage für wirksam gehalten, da die verschuldensunabhängige Haftung als untypisch für das Haftungssystem des BGB angesehen wurde (vgl. BGH NJW-RR 1993, 519, 520; Ulmer/Brandner/Hensen, a.a.O., § 9 RN 155).

Zu § 12 Abs. 1: Die Absicherung von Kundendaten gegen den Zugriff unbefugter Dritter durch entsprechende Schutzmechanismen ist eine nebenvertragliche Schutzpflicht, die jedoch, je nach Bedeutung für den Kunden, auch als Hauptleistungspflicht ausgestaltet werden kann (z. B. für Bereiche wie das Electronic-Banking).

Zu § 12 Abs. 2: Es kann heute technisch nicht ausgeschlossen werden, dass die Daten eines einmal am Internet angeschlossenen Rechners in Kopie irgendwo existieren. Ausgeschlossen werden kann auch nicht, dass Daten, die über das Internet versendet werden, von Dritten abgefangen, verfälscht oder unterdrückt werden. Ein Schutz bei der Versendung von Daten im Internet ist allenfalls durch Verschlüsselung oder durch spezielle Versendewege (z. B. Virtual Private Network vgl. Roth/Haber, ITRB 2004, 19 ff) zu erreichen.

Zu § 13: Eng mit der technischen Datensicherheit verknüpft, ist das Erfordernis der inhaltlichen Datensicherheit durch die Einhaltung des Fernmeldegeheimnisses gem. § 88 TKG und des Datenschutzes. Dem Fernmeldegeheimnis unterliegt der Inhalt der Telekommunikation einschließlich ihrer näheren Umstände. Normadressat ist gem. § 88 Abs. 2 i.V.m. § 3 Abs. 6 TKG jeder, der geschäftsmäßig Telekommunikationsdienste erbringt oder daran mitwirkt. Gem. § 3 Nr. 24 TKG sind solche Telekommunikationsdienste in der Regel entgeltliche Dienste, die ganz oder überwiegend in der Übertragung von Signalen über Kommunikationsnetze bestehen. Da der E-Mail-Dienst, Access-Leistungen sowie z. B. Internettelefonie diese Voraussetzungen erfüllen, ist der Diensteanbieter verpflichtet, das Fernmeldegeheimnis zu wahren (vgl. Spindler, a.a.O., Teil II, RN 165 f). Gem. § 8 Abs. 2 TDG (§ 8 Abs. 2 TMG-E) werden auch solche Teledienste dem Fernmeldegeheimnis unterworfen (vgl. Erläuterungen zu § 8), die die Durchleitung und Speicherung von Inhalten zum Gegenstand haben (z. B. Webhoster). Der Inhalt des Fernmeldegeheimnisses ergibt sich aus § 88 Abs. 3 TKG. Darüber hinaus hat der DA gem. § 109 TKG angemessene technische Vorkehrungen und sonstige Maßnahmen zum Schutze des Fernmeldegeheimnisses sowie personenbezogener Daten und der Telekommunikations- und Datenverarbeitungssysteme gegen unerlaubte Zugriffe zu treffen.

Zu § 15: Während das vom DA zu beachtende Fernmeldegeheimnis den technischen Vorgang der Telekommunikation betrifft, erfassen die Datenschutzvorschriften die übermittelten Inhalte. Neben den allgemeinen Datenschutzgesetzen (BDSG/LDSG) sind zunächst die bereichsspezifischen Datenschutzgesetze zu beachten. Für Telekommunikationsleistungen ergeben sich die datenschutzrechtlichen Anforderungen unmittelbar aus §§ 91 ff TKG (früher Telekommunikations-Datenschutzverordnung (TDSV)). Erbringt der DA Leistungen zur Nutzung des Internets und damit Teledienste im Sinne des TDG, hat er das Teledienstdatenschutzgesetz (TDDSG) zu beachten. Werden Mediendienste erbracht, richtet sich der Datenschutz nach dem Mediendienste-

Staatsvertrag (MDStV). Die Regeln des TDDSG sowie des MDStV werden zukünftig in den §§ 11 ff. des Telemediengesetzes abgebildet. Das Verhältnis der genannten Regelungen richtet sich danach, welches Gesetz das speziellere Gesetz ist. Speziellere bereichsspezifische Regelungen wie z.B. das TDDSG (TMG) oder das TKG verdrängen grundsätzlich das BDSG (§ 1 Abs. 4 BDSG). Beide Regelungenkomplexe (Telekommunikationsrecht und Recht der Tele- und Mediendienste) kommen daher funktionsbezogen differenziert nebeneinander zur Anwendung, und zwar das Telekommunikationsrecht bezogen auf die Telekommunikationsverbindung sowie das Recht der Tele- und Mediendienste bezogen auf den Inhalt und die Nutzungsformen. Da es zwischen den datenschutzrechtlichen Regeln des TKG und dem TDDSG Unterschiede gibt, ist eine Abgrenzung der einzelnen Leistungen nicht zu vermeiden. Während § 93 TKG verlangt, dass der Diensteanbieter bei Vertragsabschluss über Art, Umfang, Ort und Zweck der Erhebung und Verwendung personenbezogener Daten zu unterrichten hat, sieht § 4 TDDSG (§ 13 Abs. 1 TMG-E) eine Informationspflicht zu Beginn des Nutzungsvorganges vor. Während der Diensteanbieter sowohl nach § 95 Abs. 2 TKG als auch nach § 5 TDDSG (§ 14 Abs. 1 iVmG § 12 Abs. 1 TMG-E) nur dann berechtigt ist, die Bestandsdaten für Zwecke der Beratung, Werbung der Markt- und Meinungsforschung zur bedarfsgerechten Gestaltung zu benutzen, wenn er über eine ausdrückliche Erlaubnis in Form einer Einwilligung durch den Nutzer verfügt, gewährt das BDSG in § 28 Abs. 4 dem betroffenen Nutzer nur ein Widerspruchsrecht mit der Folge, dass der Nutzer aktiv werden muss, um eine entsprechende Nutzung zu verhindern. Im Hinblick auf Nutzungs- bzw. Verkehrsdaten gibt es ebenfalls unterschiedliche Regelungen. Während der Diensteanbieter nach § 6 TDDSG (§ 15 Abs. 3 TMG-E) für Zwecke der Werbung etc. Nutzerprofile bei Verwendung von Pseudonymen erstellen darf, wenn der Nutzer dem nicht widerspricht, sieht das TKG unter § 96 Abs. 3 nur die Möglichkeit des Diensteanbieters vor, teilnehmerbezogene Verkehrsdaten, die vom Anbieter eines Telekommunikationsdienstes für die Öffentlichkeit verwendet werden, zum Zwecke der Vermarktung von Telefonkommunikationsdiensten, zur bedarfgerechten Gestaltung etc. zu verwenden, sofern der Betroffene dieser Verwendung eingewilligt hat (vgl. zu den weiteren Unterschieden Roßnagel, Handbuch des Datenschutzrechtes 2003, S. 1258 ff und S. 1278 ff).

Anlage IA (Internet-Access)

Gegenstand der Leistung des DA ist die Zugangsgewährung zum Internet durch Zurverfügungstellung eines Netzzugangsknotenpunktes. Konkrete Leistungsparameter (wie z.B. das Routing, die Übertragungsgeschwindigkeit etc.) sollten, da sie vergütungsabhängig sind, in den jeweiligen Leistungsscheinen vereinbart werden.

Zu IA 1 Abs. 1: Das Internet ist ein Zusammenschluss von Rechnern und Netzen auf Basis gemeinsamer Kommunikationsstandards, der dem Nutzer im

Wesentlichen zur Datenübertragung dient. Die wichtigsten Dienste des Internets sind das World Wide Web, eine Sammlung von auf Webservern abrufbar gehaltenen Webseiten sowie der Austausch elektronischer Nachrichten mit Hilfe des Electronic-Mail-Dienstes. Damit der Kunde die Internetdienste nutzen kann, benötigt er einen Internet-Zugang (Internet-Access). Das Internet ist bekanntlich kein zentral von einer Organisation betriebenes und beherrschbares Netz, sondern ein weltweiter Verbund von unabhängig betriebenen Rechnern und Teilnetzen. Der Kunde erhält am vereinbarten Übergabepunkt den Zugang zum Netz des DA, das wiederum an einem oder mehreren Netzknotenpunkten Verbindungen zu weiteren Teilnetzen des Internet unterhält. Über diese Teilnetze sind weitere Teilnetze erreichbar, bis schließlich über mehrere Ebenen das gesamte Internet erreichbar ist. Soweit der DA nicht über ein eigenes Kommunikationsnetz verfügt, muss er auf die Ressourcen sogenanner Carrier, z. B. der Deutschen Telekom AG, zurückgreifen. Diensteanbieter untereinander schließen zur weiteren Vernetzung der eigenen Infrastruktur untereinander Upstream-, Transit- und/oder Peering-Verträge ab.

Soweit die Erstellung des Internetzugangs nicht einzeln Call-by-Call erfolgt, stellt der Access-Provider-Vertrag ein Dauerschuldverhältnis dar. Die vertragstypologische Einordnung des Access-Provider-Vertrages ist umstritten (vgl. Roth in Löwenheim/Koch, Praxis des Online-Rechts, 65 ff; Spindler, a.a.O., Teil IV, RN 81 ff m. w. N.). Teilweise wird mit Verweis auf die Rechtsprechung des BGH zur Einordnung des Rechenzentrumsvertrages (BGH NJW-RR 1993, 178) vertreten, dass dieser Vertrag ein Mietvertrag sei, da dem Kunden die Möglichkeit eingeräumt werde, sich über die beim Provider vorhandene Technik selbst den Zugang zum Internet zu verschaffen. Mit Hinweis auf die Entscheidung des BGH zur Deaktivierungsgebühr (BGH Urteil vom 18.04.2002, III ZR 1999/01) wird von anderen vertreten, dass der Access-Provider-Vertrag ebenso wie der Mobilfunkvertrag als Dienstvertrag einzuordnen sei, weil nur die Bereitstellung der Leitung, nicht jedoch der jederzeitige Vermittlungserfolg geschuldet werde (Redecker, ITRB 2003, 83; Petri/Göckel, CR 2002, 331). Der BGH „neigt“ in seinem Beschluss vom 23.03.2005 (Az III ZR 338/04, K&R 2005, 326) dazu, dem Access-Provider-Vertrag „schwerpunktmäßig als Dienstvertrag“ einzuordnen. Beides überzeugt nicht, denn weder liegt dem Access-Provider-Vertrag eine mietrechtliche Gebrauchsüberlassung von Vermittlungstechnik zugrunde, noch kann nur ein „Bemühen“ zur Herstellung einer Verbindung zum Internet geschuldet sein, auch ist der Internet-Access technisch nicht mit einer Mobilfunk-Verbindung vergleichbar. Der Access-Provider schuldet den Zugang zu einem Kommunikationsnetz durch Bereitstellung einer funktionsfähigen Schnittstelle. Damit ist ein werkvertraglich einzuordnender Erfolg geschuldet (Roth, a.a.O., 67; Pierson/Seiler, Internet-Recht im Unternehmen, 2002, 56 f). Das Argument, Werkvertragsrecht passe deshalb nicht, weil bei einer fehlerhaften Verbindung im Rahmen eines Dauerschuldverhältnisses keine Nacherfüllung gem. § 635 BGB möglich sei, da bei einem Dauerschuldverhältnis die Leistung nicht nachgeholt werden könne (Spindler, a.a.O., Teil VI, RN 89 ff), ist nicht überzeugend. Grundsätzlich können Werkverträge als Dauerschuldverhältnis ausgestaltet werden. Nacherfüllung kann auch Neuherstellung des Werkes bedeuten, also ein erneuter Einwahlversuch sein. Unabhängig davon liegt jeder Nacherfüllungssituation eine Verzögerung zugrunde. Zeigt sich nach der Leistungserbringung ein Mangel, ist rückwirkend eine Nachbesserung zum Zeitpunkt der Werkerstellung nicht mehr möglich.

Zu IA 1 Abs. 2: Bei der Erbringung von Access- und E-Mail-Leistungen sind die besonderen gesetzlichen Vorschriften für Telekommunikationsleistungen zu beachten (Spoerr in Trute/Spoerr/Bosch, TKG § 3 RN 79). Telekommunikation ist „der technische Vorgang des ... Übermittelns von Nachrichten" (vgl. § 3 Nr. 16 TKG). Steht bei einer Leistung der technische Vorgang des Datentransports (im Gegensatz zum Anbieten von Inhalten) im Vordergrund, so liegt Telekommunikation im Sinne des TKG vor. Vor Aufnahme des Dienstes zu prüfen ist insbesondere, ob der DA einer Lizenzpflicht nach § 6 TKG oder einer Anzeigepflicht gem. § 4 TKG unterliegt (vgl. dazu Beck'scher TKG Kommentar/Schütz, § 6 RN 9 ff sowie § 4 RN 1 ff; Schmitz, Inhalt und Gestaltung von Telekommunikationsverträgen, MMR 2001, 150 ff). Eine Lizenzpflicht besteht nur, wenn der Internet-Diensteanbieter Übertragungswege oder Telekommunikationsnetze oder einen eigenen Netzsprachtelefondienst betreibt. Allerdings unterliegt jeder, der gewerblich Telekommunikationsleistungen anbietet (z. B. Internet-Access, Übermittlung von E-Mails), einer Anzeigepflicht.

Anlage EM (E-Mail-Dienst)

Zu EM 1: Der E-Mail-Dienst ist als einer der meistgenutzten Dienste im Internet im Wirtschaftsleben nicht mehr wegzudenken.

Der DA übernimmt im Rahmen des E-Mail-Dienstes die Pflicht zur Weiterleitung der angenommenen und ordnungsgemäß adressierten Nachrichten des Kunden an die Server der Empfänger und wird für ihn ankommende E-Mails auf seinen Serversystemen zwischenspeichern, um dem Kunden den Abruf der Nachrichten zu ermöglichen oder sie zu einem späteren Zeitpunkt an den Mailserver des Kunden weiterzuleiten. Für die eigentliche Datenübermittlung werden die Daten bereits auf dem Quellsystem aufgeteilt und in einzelne Pakete gepackt. Auf dem Übertragungsweg kann es vorkommen, dass einzelne Pakete erneut geteilt werden müssen, wenn gewisse Übertragungswege keine Pakete der gewünschten Größe übertragen können. Das Empfängersystem setzt die Daten dann wieder zusammen, wobei Funktionen verfügbar sind, die die korrekte Reihenfolge und die Vollständigkeit der empfangenen Daten sicherstellen (TCP/IP-Protokoll-Suite). Jedes Datenpaket wird anhand seiner eindeutigen Zieladresse durch das Netz zum empfangenden System übertragen. Es besteht in den seltensten Fällen eine direkte oder definierbare Verbindung zwischen Quelle und Ziel des Datenpaketes. An der Übertragung eines Datenpakets sind potentiell viele Netzknoten (Router) beteiligt. Jedes Paket kann eine andere Route zu seinem Ziel durchlaufen. Genauso kann es sein, dass ein lediglich innerhalb einer deutschen Stadt zu übertragendes Paket über Netzknoten in den USA zum Ziel gelangt. Dieses ist der Fall, wenn Absender und Empfänger ihre Internet-Anbindungen von unterschiedlichen Diensteanbietern beziehen, deren Netze nicht vernünftig miteinander verknüpft sind.

Die Einrichtung eines E-Mail-Accounts, also die Zuordnung eines elektronischen „Briefkastens" in Form von Speicherplatz auf dem E-Mail-Server mit internetkonformer Adresse ist eine Werkleistung, denn es ist ein individueller Erfolg geschuldet. Ebenfalls werkvertraglich einzuordnen ist die Verpflichtung des Diensteanbieters, für den Kunden eingehende E-Mails entgegenzunehmen, eventuell zwischenzuspeichern und dem Kunden zum Abruf bereitzustellen, denn auch diese Tätigkeit ist auf einen Erfolg bezogen. Ein reines „Bemühen" – mit der Folge der dienstvertraglichen Einordnung der Leistung – wäre im Hinblick darauf, dass der Provider die technischen Voraussetzungen für das Empfangen und das Abrufbarhalten von E-Mails beherrscht, nicht sachgerecht. Gegen die Einordnung als Mietvertrag spricht, dass der Provider nicht lediglich Speicherplatz zur Nutzung bereit hält, sondern zusätzliche technische Leistungen erbringt. Für die Übermittlung von E-Mails ist die Rechtslage nicht eindeutig. Wird eine E-Mail im Bereich des eigenen Netzes eines Dienstes (z.B. T-Online) übermittelt, kann der Provider einen werkvertraglichen Erfolg sowohl im Hinblick auf das eigene Absenden als auch auf die Abrufbarkeit durch den Adressaten versprechen, da sein eigenes Netz für ihn überschaubar und steuerbar ist (so auch Spindler, a.a.O., Teil IV, RN 109). Für Nachrichten, deren Absender oder Empfänger sich außerhalb des eigenen Netzes des DA befinden, kann der DA hingegen lediglich sicherstellen, dass für einen gewissen Zeitraum Zustellversuche an den zur Empfängeradresse gehörenden Mailserver unternommen werden. Jedenfalls ist es nicht möglich, die erfolgreiche Zustellung an die Empfängeradresse zu überprüfen. Das Ausbleiben einer Fehlermeldung in diesem Zusammenhang bedeutet nicht zwingend, dass die E-Mail ihr Ziel erreicht hat. Die im Simple Mail Transfer Protocol (SMTP) vorgesehene Empfangsbestätigung dient lediglich als technische Bestätigung, dass der Empfangsrechner die Nachricht zur weiteren Verarbeitung korrekt angenommen hat. Eine ordnungsgemäße Zustellung im elektronischen Postfach des Empfängers kann aus dieser Bestätigung nicht abgeleitet werden. Da der Provider zwar den Absendeversuch und ggf. die Protokollierung der erfolgreichen Absendung der E-Mail, aber nicht den Zugang versprechen kann, scheidet eine werkvertragliche Einordnung der E-Mail-Übermittlung aus, obwohl der Schwerpunkt des Interesses des Kunden darin liegt, dass die E-Mail empfangen wird. Die Vornahme der Leistungen zum Zwecke der Übermittlung einer E-Mail wird daher als Dienstvertrag einzuordnen sein. Insgesamt kann man die Erbringung des E-

Mail-Dienstes als gemischten Vertrag, bestehend aus werk- und dienstvertraglichen Elementen, einordnen. Diese Einordnung wird dann jedoch in einen Werkvertrag umschlagen, wenn es dem Provider technisch möglich ist, den Zugang bzw. die Abrufbarkeit der E-Mail auf dem Empfangsserver sicher festzustellen.

Zu EM 1 Abs. 4: Das Verhalten der Systeme im Falle der Überschreitung des vereinbarten Speichervolumens ist durch den DA konfigurierbar; die Klausel ist an das gewählte Verhalten anzupassen. Technisch zu bevorzugen ist das Ablehnen der Nachrichten bereits im SMTP-Dialog, da so der Server des DA zu keinem Zeitpunkt die Verantwortung für die Nachricht übernommen hat und somit die Aufgabe, die Mail an den Absender zurückzusenden an das einliefernde System abgewälzt wird. Rechtlich unangemessen wäre eine Regelung, die die Löschung der Mails vorsehen würde.

Zu EM 1 Abs. 5: Der Provider ist nach wohl vorwiegender Meinung in der Literatur im gegenwärtigen Zeitpunkt nicht nebenvertraglich verpflichtet, einen Spam-Filter zu verwenden (Spindler, a.a.O., Teil IV, RN 154). Der Einsatz von Filtermechanismen ist rechtlich problematisch. Eine inhaltliche Analyse (z.B. durch semantische Bewertung von Nachrichten) stellt einen Eingriff in das im Rahmen des E-Mail-Dienstes geltende Fernmeldegeheimnis dar. Für zentrale Filterung sind solchen Lösungen den Vorzug zu geben, die ohne eine semantische Bewertung auskommen (z.B. Hash-Wert-Verfahren). Wer E-Mails ohne Einverständnis des Adressaten löscht – auch wenn es sich um Spam-Mails handelt – kann sich strafbar machen (§ 206 Abs. 2 Nr. 2 StGB, § 303a StGB; vgl. OLG Karlsruhe, Urteil vom 10.01.2005, Az.: 1 Ws 152/04). Will der Provider auf Filtermaßnahmen nicht verzichten, erfordert dies wegen des bestehenden Fernmeldegeheimnisses und der datenschutzrechtlichen Bestimmungen eine Einwilligung des Kunden zur Kontrolle seiner Nachrichten. Die Einwilligung sollte im Rahmen der Leistungsscheine erfolgen, in denen die entsprechenden Maßnahmen vereinbart werden.

Anlage WH (Webhosting)

Zu WH 1: In aller Regel wird ein Kunde keinen eigenen Webserver für die Veröffentlichung seines Webauftritts betreiben wollen, sondern das Hosting von einem DA vornehmen lassen. Das ist preislich erheblich günstiger und weniger aufwendig als der Betrieb eines eigenen Servers und außerdem für die meisten Webauftritte vollständig ausreichend. Die Tatsache, dass viele Auftritte unterschiedlicher Kunden gemeinsam auf einem Server betrieben werden, wird nach außen in aller Regel durch Name-based virtual Hosting sichtbar.

Zu WH 1 Abs. 1: Der Server des Webhosters ist dauerhaft über das Internet erreichbar. Dieser Server wird so konfiguriert, dass er mit Hilfe des Hypertext Transfer Protokolls „http“ gestellte Anfragen bezüglich der Webpräsenz des Kunden beantworten kann. Der Kunde hinterlegt seine Inhalte auf diesem

Server. Wenn nun ein Internetnutzer eine Anfrage nach den hinterlegten Inhalten absetzt, versendet der Server des Webhosters eine Kopie der bei ihm gespeicherten Inhalte an den Abrufenden oder führt die vom Kunden auf dem Server hinterlegten Programme aus, die dann die an den Abrufenden auszuliefernden Webseiten und sonstigen Daten erzeugen.

Schwerpunkt der Leistung des Webhosters ist, dem Kunden für die Dauer des Vertrages einen Teil des Plattenspeichers seines Servers für eigene Zwecke zu überlassen, den Datentransfer im Falle eines Abrufs der Web-Seite zu initiieren und die vom Kunden auf dem Server hinterlassenen Programme und Scripts auf Anforderung aus dem Internet auszuführen. Diese drei Leistungselemente gehören zur Realisierung der Webpräsenz zwangsläufig zusammen. Die Überlassung eines Teils des Plattenspeichers und von Rechenleistung für die Ausführung von Programmen und Scripts hat nutzungsbezogenen Charakter. In der Regel wird der Kunde die Installation des zu präsentierenden Inhalts selbst durchführen und der Webhoster lediglich die Infrastruktur zur Verfügung stellen. Dieser Sachverhalt kann daher nach Mietrecht gem. § 535 BGB beurteilt werden (so auch AG Charlottenburg, CR 2002, 297). Durch den Mietvertrag wird der Vermieter verpflichtet, dem Mieter den Gebrauch der vermieteten Sache zu gewähren und sie für die Dauer des Mietvertrages im vertragsgemäßen Zustand zu halten. Vermietet werden kann nur eine Sache, also ein körperlicher Gegenstand (§ 90 BGB). Da der Speicherplatz von einem Trägermedium verkörpert wird, bestehen an der im Mietrecht erforderlichen Sachqualität des Mietgegenstandes keine Bedenken. Das gilt ebenso für die Überlassung von Rechenkapazität für die Ausführung von Programmcode, da hier ein Prozessor des Rechners für den eindeutigen Zeitraum der Programmausführung überlassen wird. Dass dem Kunden keine unmittelbare Sachherrschaft über den Speicherplatz und den Prozessor eingeräumt wird, ist ebenfalls unerheblich, denn ausreichend ist, dass der Vermieter dem Mieter den Mietgegenstand in einer Weise zur Verfügung stellt, die den Mieter ohne weiteres in die Lage versetzt, den vertragsgemäßen Gebrauch auszuüben. Ausreichend hierfür ist, dass der Kunde die Möglichkeit des Zugriffs auf den Speicherplatz hat und die hochgeladenen Programme durch Aufruf von außen zur Ausführung gelangen.

Die weitere Leistungskomponente, nämlich die Sicherstellung der Abrufbarkeit und des Datentransfers, geht jedoch über die bloße Gestattung der Nutzung des Speicherplatzes hinaus. Zwar muss der Vermieter den Zugang zu Mieträumen gewähren, die Sicherstellung des Datentransfers geht aber über diese Gebrauchsgewährung hinaus. Der Datentransfer ist in der Regel separat, entsprechend dem bewegten Datenvorkommen zu vergüten und im Übrigen der teurere Leistungsteil. Die Einordnung dieser Leistung als bloße Nebenleistung zum Mietvertrag wird daher ausscheiden. Der Webhoster wird aufgrund der Internettechnik nicht garantieren können, dass die abgerufenen Inhalte auch tatsächlich bei dem Adressaten ankommt. Er wird jedoch alles dafür tun müssen, dass die Inhalte aus dem Internet abrufbar sind. Er kann beherrschbar und damit erfolgreich die Inhalte an dem Übergabepunkt zum Netz bereitstellen. Dieser Leistungsteil kann daher werkvertraglich eingeordnet werden. Der Vertrag, den der Kunde mit dem Webhoster schließt, besteht daher aus mindestens zwei verschiedenen Vertragstypen. Da zumindest die Elemente Speicherplatz, Rechenkapazität und Datentransfer derart miteinander verbunden sind, dass sie nur in ihrer Gesamtheit ein sinnvolles Ganzes ergeben, liegt ein gemischter Vertrag in Form eines Typenverschmelzungsvertrages, bestehend aus miet- und werkvertraglichen Komponenten vor (vgl. Schuppert in Spindler, a.a.O., Teil V, RN 9). Das OLG Düsseldorf hat in seiner Entscheidung vom 26.02.2003 (MMR 2003, 474) einen solchen Vertrag insgesamt als Werkvertrag beurteilt. Da die Betreiber einer Webpräsenz an statistischen Auswertungen über die Nutzung der Webpräsenz interessiert sind, kann die Erstellung von Zugriffs- und Fehlerlogs oder gar kompletter Statistiken als Nebenpflicht vereinbart werden.

Zum Webhostingvertrag gehört nicht die Vereinbarung zur Registrierung eines Domainnamen und nicht die Vereinbarung über den Betrieb der DNS-Server für den registrierten Domainnamen. Die Tatsache, dass diese drei Leistungen fast immer zusammen angeboten und erbracht werden, ist die Ursache häufig auftretender Missverständnisse über den Vertragsumfang. In der Praxis wird der Verwender dieses Mustervertrags einen Leistungsschein anfertigen, der alle drei Leistungen zusammen beschreibt.

Anlage SH (Server-Housing)

Zu SH 1 Abs. 1 ff: Manche Anwendungen machen es notwendig, die Forderung nach hoher Bandbreite über den Wunsch zu stellen, die Internetserver in den eigenen Räumen zu betreiben. Man siedelt die Server dann an einem Ort an, wo gute Netzanbindung vorhanden ist. Eine weitere Motivation für die Unterbringung von Serversystemen in einer Housingumgebung ist die einfache Verfügbarkeit einer kontrollierten, klimatisierten Umgebung. Beim Server-Housing schuldet der DA primär die Zurverfügungstellung von solchen Räumlichkeiten, die zur Unterbringung von Serversystemen geeignet sind. Einen solchen Server-Housingvertrag wird man ähnlich wie den Webhostingvertrag einordnen können, wobei im Ergebnis wohl ein reiner Mietvertrag vorliegt, denn die geschuldete Infrastruktur (Strom, Telekommunikationsanschlüsse) können als klassische mietvertragliche Nebenpflichten eingeordnet werden. Wartungspflichten treffen den DA nur hinsichtlich der eigenen zur Verfügung gestellten Infrastruktur, nicht jedoch bezüglich der Geräte des Kunden, es sei denn, es ist etwas anderes vereinbart. Die Internet-Anbindung wird durch eine gesonderten Leistungsschein (Anlage IA) vertraglich geregelt.

Zu SH 1 Abs. 1: Diese Formulierung erlaubt die Verwendung des Vertrags auch für die Fälle, in der der DA selbst Mieter in der Housing-Umgebung ist und Teile des von ihm angemieteten Platzes an den Kunden untervermietet.

Zu SH 1 Abs. 4: Manche DA betreiben Housing-Umgebungen, um die Abnahme eigener Leistungen zu erleichtern und vermieten Stellplatz in diesen Umgebungen zu günstigeren Preisen an Kunden, die dort andere Leistungen (Internet-Anbindung, Datenverbindungen) des DA abnehmen. Somit kann es im Interesse des DA sein, Wettbewerbern den Zugang zu seinen Kunden zu erschweren.

Zu SH 2 Abs. 1: Bei eklatanter Überschreitung der vereinbarten Parameter ist es nicht ausgeschlossen, dass die Systeme des Kunden eine akute Gefahr für den Betrieb der anderen Kundensysteme in der Housing-Umgebung darstellt. In diesen Fällen kann die angemessene Frist sehr kurz sein.

Anlage DED (de.Domainregistrierung)

Zu DED 1: Internet-Anwendungen – so zum Beispiel Präsenzen im World Wide Web oder E-Mail-Anwendungen – sollten (oder müssen abhängig von der Art des Dienstes und ihrer technischen Realisierung) einen sogenannten Domainnamen haben. Um einen Rechner oder ein Internet-Angebot zu identifizieren, ist diesem Rechner bzw. dem Internet-Angebot eine nummerische IP-Adresse zugeordnet. Zur Vereinfachung des Handlings wird diese IP-Adresse mit einem Domainnamen verbunden. Dieser Domainname kann als Subdomain unter einer zum Webhost gehörenden Domain laufen (z.B. www.teilnehmername.webhostname.de) oder der Teilnehmer kann gegen höhere Vergütung eine eigene Domain registrieren lassen (z.B. www.teilnehmername.de) und kann dann unterhalb der eigenen Domain beliebige Subdomains verwenden. Letztere Variante, die Gegenstand des Musters ist, ist zu empfehlen, denn nur in diesem Fall kann der Kunde über die Domain verfügen und zu einem anderen Provider wechseln. Außerdem ist die Domain nur in dieser Variante ein nützliches, mittlerweile sogar unverzichtbareres Marketing-Instrument.

Die Hoheit über die verschiedenen Top-Level-Domains (z.B. „de“, „com“ etc.) ist auf unterschiedliche Registrare verteilt, die Domainnamen unterhalb ihrer eigenen Zuständigkeit nach ihren eigenen Regeln vergeben. Die Regeln der Registrare weichen teilweise erheblich voneinander ab und sind in ständiger Veränderung begriffen. Das Muster nimmt die von der DENIC Domain Verwaltungs- und Betriebsgesellschaft eG mit Sitz in Frankfurt am Main verwaltete Top-Level-Domain „de“ für die Bundesrepublik Deutschland als Beispiel, da die Behandlung der Geschäftsmodelle der anderen Registrare den Rahmen dieser Publikation sprengen würde. Neben den länderspezifischen Top-Level-Domains gibt es bereichsspezifische, sogenannte Generic Top-Level-Domains, wie z.B. „com“, „org“, „net“, „edu“, „info“, „biz“ etc. Für die Registrierung dieser Top-Level-Domains findet man die zuständigen Registrare auf der Homepage der ICANN (Internet Corporation For Assigned Names and Numbers) unter http://www.icann.org/registrars/accredited-list.html.

Die ICANN ist unter anderem für die weltweite Koordinierung der Vergabe und Administration der Internetadressen, des sogenannten Domain Name Systems und des IP-Adresssystems zuständig.

Zu DED 1 Abs. 1: Zur Anmeldung einer de-Domain bei der DENIC wird der Kunde im Regelfall ein genossenschaftliches Mitglied der DENIC eG beauftragen. Allerdings bieten auch viele Anbieter, die kein genossenschaftliches Mitglied der DENIC eG sind, solche Registrierungsleistungen an. Diese verfügen in aller Regel über entsprechende Vertragsbeziehung (Reseller-Verträge) zu genossenschaftlichen Mitgliedern der DENIC eG. Als weitere Möglichkeit kann der Kunde die gewünschte Domain, allerdings zu höheren Preisen, direkt bei DENICdirect beantragen.

Die Leistungen der DENIC eG enden nicht mit der Registrierung. Vielmehr werden alle registrierten Domains in der Datenbank der DENIC für die Dauer des Vertrages „gepflegt". Das bringt mit sich, dass für die Domain neben einer einmaligen Registrierungsgebühr jährlich Pflegekosten zu zahlen sind.

Zum Domainregistrierungsvertrag gehört nicht die Vereinbarung über den Betrieb der DNS-Server (vgl. Anlage DNS) und auch nicht die Vereinbarung über Webhosting (vgl. Anlage WH). Die Tatsache, dass diese drei Leistungen fast immer zusammen angeboten und erbracht werden, ist die Ursache häufig auftretender Missverständnisse über den Vertragsumfang.

Zu DED 1 Abs. 2: Der DA übernimmt es, den Domain-Wunsch des Kunden unmittelbar oder über einen dazwischengeschalteten Provider bei der DENIC registrieren zu lassen. Auch wenn der Kunde den DA für die Registrierung der Domain einschaltet, kommt der Vertrag über die Registrierung und Verwaltung einer de-Domain zwischen der DENIC und dem Kunden zustande (IV DENIC-Domain-Richtlinien). Aus diesem Grund gelten zusätzlich zu dem vorliegenden Vertrag, die Allgemeinen Geschäftsbedingungen der DENIC, nämlich die DENIC-Domainrichtlinien und die DENIC-Domainbedingungen, die abrufbar sind unter http://www.denic.de/domains/registrieren/index.html. Zwar hat der BGH die Weiterverweisung in AGB auf andere Klauselwerke zugelassen, wenn dies für den Kunden klar und überschaubar ist (BGHZ 111, 388 ff), allerdings ist ein solcher Verweis wegen der strengen Einbeziehungsvoraussetzungen für AGB in § 305 BGB nur im unternehmerischen Geschäftsverkehr möglich. Gegenüber einem Verbraucher (§ 13 BGB) ist der bloße Verweis auf die AGB für eine wirksame Einbeziehung nicht ausreichend (§ 310 Abs. 1 BGB), vielmehr muss dem Verbraucher die Möglichkeit zur Kenntnisnahme des Klauselwerkes gegeben werden.

Zu DED 1 Abs. 3: Den entgeltlichen Auftrag, die Registrierung der Domain bei der DENIC vorzunehmen, wird man als Werkvertrag, der eine Geschäftsbesorgung zum Gegenstand hat (§§ 675, 631 ff BGB), einordnen können (so auch OLG Köln CR 2002, 832 f). Soweit der DA die Domain verwaltet und für die ordnungsgemäße regelmäßige Zahlung zur Aufrechterhaltung der Registrierung sorgt, liegt ein Dauerschuldverhältnis vor, da diese Tätigkeit keinen einmaligen Leistungsaustausch zum Gegenstand hat. Hierzu wird vertreten, dass dieser Leistungsteil als Dienstvertrag einzuordnen ist (Redeker, ITRB 2003, 83 ff). Unseres Erachtens kann dieser Leistungsteil ebenfalls als Werkvertrag eingeordnet werden, denn auch hier geht die Verpflichtung des Providers über das „bloße Bemühen" hinaus. Das OLG Köln (a.a.O.) hat zwar die fortlaufende Verwaltungstätigkeit und Einräumung entsprechender Nutzungsmöglichkeit, soweit es um die Bereitstellung der Speicherkapazität für die Domain geht, als Miet- bzw. Pachtvertrag qualifiziert. Allerdings stand in diesem Fall nicht dem Kunden die Domain zu, sondern dem Provider, der dem Kunden zeitlich befristet ein Nutzungsrecht eingeräumt hatte.

Wie bereits oben ausgeführt, kommt der eigentliche Domainvertrag zwischen dem Kunden und der DENIC zustande. Wie dieses Vertragsverhältnis zu beurteilen ist, ist bisher nicht entschieden. Der Kunde erwirbt unmittelbar ein vertragliches Recht zur Nutzung der Domain, ist also Domaininhaber. Die Domainrichtlinien bezeichnen das Vertragsverhältnis als „Domainvertrag". Der Domaininhaber, also der Vertragspartner von DENIC, wird als der an der Domain „materiell Berechtigte" bezeichnet. Gemäß III der DENIC-Domainrichtlinien „registriert" die DENIC die Domain. Konkretisiert wird diese Aufgabe in § 2 der Domainbedingungen. Danach sorgt die DENIC für die Aufnahme der Domain und ihrer technischen Daten in die Nameserver für die Top-Level-Domain.de (sogenannte Konnektierung). Der Domainvertrag ist auf unbestimmte Zeit geschlossen und kann vom Domaininhaber jederzeit ohne Einhaltung einer Frist, von der DENIC jedoch nur aus wichtigem Grund gekündigt werden (§ 7 Domainbedingungen). Im Hinblick auf die Berechtigung an der Domain verleiht § 6 Abs. 1 der Domainbedingungen dem Kunden das Recht, die Domain an einen von ihm benannten Dritten zu übertragen. Die Domain ist sogar als Vermögensrecht nach § 857 ZPO pfändbar (vgl. LG Düsseldorf, Beschluss vom 16.03.2001, Az.: 25 C 59/01; OLG München, CR 2005, 72). Da die DENIC dem Kunden die Domain zur Nutzung überlässt, könnte ein Pacht- oder Mietvertrag gegeben sein. Dem steht jedoch die Berechtigung des Kunden entgegen, die Domain übertragen zu dürfen. Die Übertragung der Nutzungsberechtigung am Mietgegenstand ist dem Mieter grundsätzlich nur mit der Zustimmung des Vermieters möglich, auf die der alte Mieter jedoch keinen Anspruch hat. Demgegenüber hat der Domaininhaber einen Übertragungsanspruch gegenüber der DENIC, es sei denn, es liegt ein Eintragungshindernis vor. Dies kann entweder die offensichtliche Rechtswidrigkeit (III Domainrichtlinien) oder das Vorliegen eines Disputeintrages (§ 6 Abs. 2 Domainbedingungen) sein. Letzteres ist gegeben, wenn ein Dritter glaubhaft macht, dass er ein Recht auf diese Domain hat (§ 2 Abs. 3 Domainbedingungen). Aufgrund dieser Stellung des Domain-Inhabers, die zwar rein schuldrechtlich begründet wird, ihn aber dinglich im Verhältnis zur DENIC ähnlich wie einen Markeninhaber schützt, wird man nicht vom Vorliegen eines Miet- oder Pachtvertrages ausgehen können. Da die Registrierung und Verwaltung der Domain mehr erfordert, als lediglich ein „Bemühen“ der DENIC, vielmehr ein individueller Erfolg geschuldet ist, wird man den Vertrag zur Registrierung und Verwaltung der Domain zwischen der DENIC und dem Kunden als ein werkvertraglich einzuordnendes Dauerschuldverhältnis ansehen können (vgl. auch Spindler, a.a.O., Teil VI, RN 12).

Zu DED 2 Abs. 1: Von besonderer Bedeutung ist die sorgfältige Auswahl des Domainnamens. Bei der Domainanmeldung gilt im Verhältnis zur DENIC eG regelmäßig das Prioritätsprinzip, das heißt, die DENIC eG registriert nach zeitlichem Eingang eines Antrages („first come – first served“). Die Registrierung erzeugt jedoch dann keinen Bestandsschutz, wenn ein Dritter überragende Rechte an der als Domain eingetragenen Bezeichnung hat. Bekanntlich kann die Registrierung und Nutzung einer Domain gegen das Marken- und Firmenrecht (§§ 4, 14 und §§ 5, 15 MarkenG), gegen das Namensrecht (§ 12 BGB) sowie gegen das Wettbewerbsrecht (§ 3 UWG) verstoßen und eine unerlaubte Handlung im Sinne von § 823 BGB darstellen. Liegt ein Verletzungsfall vor, kann der Rechteinhaber vom Domaininhaber die Löschung der Domain verlangen. Ergibt die Whois-Datenbankauskunft der DENIC eG, dass ein Domainwunsch noch frei ist, bedeutet das also nicht, dass der Kunde die Domain dauerhaft behalten kann.

Zu DED 2 Abs. 3: Der DA wird als Nebenpflicht überprüfen müssen, ob der Domainwunsch des Kunden den „formalen“ Domainbedingungen entspricht, da der DA besser als der Kunde beurteilen kann, ob ein Domainwunsch formal zulässig oder unzulässig ist (z. B. zu kurze Domain, KFZ-Kennzeichen, reine Zahlenkombination). Ob der DA die Pflicht hat, die „materielle“ Berechtigung des Kunden zur Führung der gewünschten Domain zu prüfen, wird man im Hinblick auf die Rechtsprechung des BGH zur Haftung der DENIC bei Namensverletzungen grundsätzlich verneinen können (BGH K&R 2001, 588 – „ambiente.de“). Dennoch empfiehlt es sich, den Kunden auf das Risiko der Rechtsverletzung hinzuweisen und klarzustellen, dass der DA diesbezüglich keine Prüfungspflicht übernimmt.

Ansprüche wegen Verletzung von Rechten Dritter richten sich in der Regel gegen den registrierten Inhaber der Domain, der mit Hilfe der Whois-Datenbank der DENIC eG ermittelt werden kann. Höchstrichterliche Rechtsprechung zur Haftung des DA, der die Domain anmeldet, verwaltet und als technischer Ansprechpartner (tech-c, zone-c) zur Verfügung steht, gibt es bisher nur vereinzelt. Das OLG Hamburg hat den technischen Ansprechpartner (tech-c) als Störer angesehen und eine wettbewerbsrechtliche Haftung angenommen (OLG Hamburg Az.: 3 U 274/98). Allerdings waren in diesem Fall der Domaininhaber und der sogenannte admin-c (vgl. Anmerkung zu DED 3) nicht erreichbar. Da der DA an der Betreuung der Domain beteiligt ist, könnte er nach allgemeinen Grundsätzen durchaus als Mitstörer in die Haftung genommen werden. Zur Haftung der DENIC bei Domainstreitigkeiten hat der Bundesgerichtshof in einem Grundsatzurteil „ambiente.de“ entschieden, dass die DENIC vor der Registrierung des Namens grundsätzlich weder unter dem Gesichtspunkt der Störerhaftung noch unter kartellrechtlichen Gesichtspunkten verpflichtet ist zu prüfen, ob der angemeldete Domain-Name Rechte Dritter verletzt. Wird die DENIC von einem Dritten allerdings darauf hingewiesen, dass ein bereits registrierter Domain-Name seiner Ansicht nach ein ihm zustehendes Kennzeichenrecht verletzt, kommt eine Haftung als Störer oder eine kartellrechtliche Haftung nach dem BGH in Betracht, wenn die Rechtsverletzung offenkundig und für die Vergabestelle ohne weiteres feststellbar ist. Diese Voraussetzungen werden wohl erst dann gegeben sein, wenn entweder ein rechtskräftiger Titel vorliegt, aus dem sich ergibt, dass die Nutzung des Domain-Namens Kennzeichenrechte verletzt, oder aber eine eindeutig formulierte Unterlassungserklärung des Domaininhabers vorgelegt wird.

Zu DED 2 Abs. 5: Ohne Domainregistrierung entfallen die Betreuungsleistungen. Gemäß § 275 I BGB ist eine Leistungspflicht des Providers im Hinblick auf die Betreuungsleistungen nicht mehr gegeben. Das Formular sieht vor, dass auch der Kunde von seiner Vergütungspflicht frei werden soll. Dadurch entgeht zwar dem Provider ein eventuell für die Betreuung gem. § 311 a Abs. 2 BGB zustehender Schadensersatz- bzw. Aufwendungsersatzanspruch. Das Muster wählt jedoch bewusst den Weg, dass auch der Kunde im Fall einer gescheiterten Registrierung von weiteren Zahlungspflichten frei wird, denn der vergebliche Aufwand des Providers dürfte gering sein. Der Vergütungsanspruch des DA für den Anmeldeversuch bleibt nach dieser Formulierung allerdings unberührt.

Zu DED 2 Abs. 6: Dieser Anspruch ergibt sich aus §§ 675, 666, 667 BGB. Der Beauftragte hat dem Auftraggeber gegenüber Auskunfts- und Rechenschafts- sowie Herausgabepflichten.

Zu DED 3: Bei jeder Registrierung muss der Anmelder neben dem Domaininhaber auch einen administrativen Ansprechpartner, den sogenannten admin-c benennen (VIII Domainrichtlinien). Dies muss eine natürliche Person sein, die gem. § 174 f ZPO als Zustellungsbevollmächtigter des Domaininhabers fungiert (sofern der Domaininhaber seinen Sitz nicht in Deutschland hat) und der als Ansprechpartner der DENIC berechtigt und verpflichtet ist, sämtliche Entscheidungen verbindlich zu treffen. Klagen wegen Domainstreitigkeiten können diesem mit Wirkung gegen den Domaininhaber zugestellt werden. Ob der admin-c neben dem Domaininhaber für kennzeichenrechtliche Verletzungen haftet, ist umstritten. Das OLG Stuttgart hat in seinem Beschluss vom 01.09.2003 (Az: 2 W 27/03) eine Haftung des admin-c mit der Begründung bejaht, dass nach allgemeinen Grundsätzen bei kennzeichnungsrechtlichen Ansprüchen diejenige Person als Störer in Betracht kommt, die in irgendeiner Weise, sei es auch ohne Verschulden, willentlich und adäquat kausal an der Herbeiführung oder Aufrechterhaltung der rechtswidrigen Beeinträchtigung eines anderen beigetragen hat. Der admin-c hat nach dem OLG Stuttgart einen solchen Tatbeitrag geleistet. Eine andere Handhabung – so das OLG Stuttgart – wäre allenfalls dann zu erwägen, wenn es sich bei dem admin-c um eine abhängige Hilfsperson handeln würde. Anders hat das OLG Koblenz am 25.01.2002 (Az.: 8 U 1842/00) entschieden. Danach soll der admin-c lediglich Bevollmächtigter des Domaininhabers sein, jedoch nicht passivlegitimiert hinsichtlich der Unterlassung der Verwendung einer Domain.

Zu DED 4: In diesen Preisen sind in der Regel auch die Gebühren enthalten, die der DA für die Tätigkeiten der DENIC bezahlen muss. Nach § 4 der Denic-Domainbedingungen ruht die Vergütungspflicht des Kunden solange, wie der vom Kunden beauftragte DA seinen Zahlungsverpflichtungen gegenüber der DENIC nachkommt. Ist dies nicht der Fall, lebt die Zahlungspflicht des Kunden wieder auf.

Zu DED 4 Abs. 2: Die Vorschusspflicht ergibt sich aus §§ 675, 669 BGB.

Anlage DNS (Domain-Name-Service)

Zu DNS 1 Abs. 1: Um eine Domain im Internet zu betreiben, ist neben der Registrierung der Domain notwendig, einen Server für den Domain-Name-Service (DNS) bereit zu halten, der die zur Domain gehörende Zone im Internet veröffentlicht. Dabei handelt es sich um eine Datei im Dateisystem des Servers, die Informationen zu einer Domain oder Subdomain enthält. Zweck des DNS ist es, den Domainnamen in die nummerischen IP-Adressen zu übersetzen. Die technische Funktionsweise ist nicht trivial. Die Darstellung würde den Rahmen dieser Veröffentlichung sprengen. Daher verweisen wir auf die Informationen, die unter http://www.zugschlus.de/zmna/dns zu finden sind. Die heute üblichen Vertragswerke behandeln diese grundsätzlich unterschiedlichen Dienstleistungen – Registrierung eines Domainnamens und Veröffentlichung der zum Domainnamen gehörenden Zone – fast immer als zwei zusammen gehörende Leistungen. Diese Leistungen werden hier getrennt behandelt.

Für die rechtliche Beurteilung dieses Services gelten die Ausführungen zu der Registrierung der Domain entsprechend. Hinzuweisen ist auf das Urteil des hanseatischen Oberlandesgericht vom 27.02.2003 Az.: 3 U 7/01 (nimm2.com). Das OLG hat entschieden, dass das Zurverfügungstellen von Domain-Name-Servern durch den Provider als Domain-Name-Server-Betreiber nicht zu einer markenrechtlichen Haftung im Sinne des § 14 MarkenG führt. Die Konnektierung stelle selbst keine Registrierung bei der Vergabestelle dar, sondern sei im Ergebnis lediglich eine Zuarbeit für die Registrierungsstelle. Mit dieser Zuarbeit würden lediglich die technischen Voraussetzungen für die Internetnutzung und Registrierung hergestellt. Der Provider trete bei der Nutzung der auf seinem Domain-Name-Server aktivierten Domain nicht nach außen in Erscheinung. Die nach allgemeinen Grundsätzen gegebene Störerhaftung hat das Gericht verneint, da dem Domain-Name-Server-Betreiber eine Prüfpflicht, wie sie nach der allgemeinen Störerhaftung verlangt wird, nicht zuzumuten sei.